新思想 新实践 新作为研究丛书

上海市习近平新时代中国特色社会主义思想研究中心

城市精神引领上海创新实践

荣跃明 陈凌云 江晨 贾东窈 著

上海人民出版社

总 序

党的十九大以来，习近平总书记连续四年亲临上海，对上海发展发表一系列重要讲话、作出一系列重要指示批示、交办一系列重大任务，明确建设具有世界影响力的社会主义现代化国际大都市的新定位，赋予为全国改革发展作出更大贡献的新使命，指明推动经济高质量发展走在全国前列的新路径，赋予在推动长三角更高质量一体化发展中进一步发挥龙头带动作用的新担当，要求打造自主创新新高地、激活高质量发展新动力、增创国际合作和竞争新优势、服务构建新发展格局、开创人民城市建设新局面，提出在全面从严治党上走在前列的新期待。这些重要论述深刻阐明了上海在新时代新征程上要承担什么样的使命、建成什么样的城市、怎样建设城市等一系列根本性问题，从战略定位、根本属性、核心任务、实现路径、发展动力、领导保障等各个方面对上海发展进行战略擘画和把脉指向，是谋划和推进上海发展的科学指南和根本遵循。

在习近平新时代中国特色社会主义思想和习近平总书记对上海改革发展发表的系列重要论述及重要指示精神的指引下，上海广大干部群众奋力开拓，不负重托，勇立潮头，以强化“四大功能”为主攻方向，把“五个中心”建设推向前进，聚焦关键环节和重点领域破冰攻坚，加快构筑上海发展的战略优势。改革开放方面，上海以实施国家战略为牵引，推动更深层次改革，实行更高水平开放，主动发挥好开路先锋、示范引领、突破攻坚作用；民主法治建设方面，上海以地方生动实践丰富“全过程民主”的时代内涵，为发展中国特色社会主义民主政治作出上海贡献；文化建设方面，上海持续打响“上海文化”品牌，不断彰显红色文化、海派文化、江南文化独特魅力，全面提升文化软实力；民生保障方面，上海统筹抓好底线民生、基本民生、质量民生，加大政策供给力度，办好民生实事工程；城市治理方面，上海立足超大城市特点，从群众需求和城市治理突出问题出发，在科学化、精细化、智能化上下功夫，努力实现“一流城市一流治理”；党的建设方面，上海作为党的诞生地和初心始发地，高度重视传承红色基因，加强党的建设，不断推进基层党建的探索与创新。“十四五”时期是上海在新的起点上全面深化“五个中心”建设、加快建设具有世界影响力的社会主义现代化国际大都市的关键五年，全市上下正以习近平总书记对上海工作的重要指示为根本指引，始终胸怀“两个大局”、坚持“四个放在”，努力在新征程上奋力创造新时代上海发展新奇迹。

为深入学习和阐释习近平总书记关于上海工作的系列重要论述，扎实研究上海贯彻习近平总书记要求和中央战略部署，奋力创造新时代上海发展新奇迹的重大理论和实践问题，为新时代上海的改革发展提供智力支持和理论支撑，上海市习近平新时代中国特色社会主义思想研究中心和上海市哲学社会科学规划办公室联合开展

“学习习近平总书记关于上海工作重要论述”专题招标，组织专家学者开展集体攻关和专项研究，并挑选部分优秀成果公开出版。这些研究成果涉及进博会的时代意蕴与上海实践、新时代上海发挥引领示范作用、推动长三角一体化发展、上海基层民主政治建设、生态文明与上海高质量发展、上海社会治理创新、新时代上海党的建设的实践创新等。作者主要为长期潜心研究上海改革发展的上海市各高校以及相关单位的专家学者。本次推出的“新思想　新实践　新作为研究丛书”共计11本。这套丛书政治站位高、研究视野宽、阐释解读准、思考研究深、联系实际紧，总体上反映本市学术界在上述领域的研究水平。这是上海市习近平新时代中国特色社会主义思想研究中心推出的第三套聚焦于研究阐释习近平新时代中国特色社会主义思想的系列丛书。相信这套丛书的面世，有助于广大读者更加全面、深入地学习和把握习近平总书记对上海工作重要论述的深刻内涵、精神实质和实践要求，深刻把握上海在贯彻落实习近平总书记重要论述过程中的积极探索、实践创新和最新成果，切实把习近平总书记重要讲话精神和党中央重大决策部署转化为推动“十四五”乃至更长时期上海发展的创新思路和务实举措，为上海的改革发展作出新的贡献。

上海市习近平新时代

中国特色社会主义思想研究中心

2021年5月

目　录

第一章　习近平关于城市精神重要论述的理论内涵、精神实质和实践价值

党的十八大以来，习近平总书记坚持把马克思主义基本原理同当代中国实际相结合，把握时代大趋势，回答实践新要求，顺应人民新期待，以全新视野带领全党深化对共产党执政规律、社会主义建设规律、人类社会发展规律的认识，围绕治国理政提出了一系列新理念新思想新战略，形成了习近平新时代中国特色社会主义思想，取得了马克思主义中国化的最新理论成果。党的十九大通过党章修正案把习近平新时代中国特色社会主义思想与马克思列宁主义、毛泽东思想、邓小平理论、“三个代表”重要思想和科学发展观一道作为党必须长期坚持的指导思想。中国特色社会主义建设进入新时代以来，习近平总书记就城市精神作出过一系列重要论述，是习近平新时代中国特色社会主义思想的重要组成部分，认真学习、深刻领会和全面把握习近平总书记关于城市精神重要论述的理论内涵、精神实质和实践价值，对于全面贯彻落实以习近平同志为核心的党中央一系列战略部署，加快推进创新转型和高质量发展，全面提升城市建设和治理水平具有十分重要的现实意义。

一、习近平关于城市精神重要论述的时代背景和现实意义

1. 城市精神的内涵与外延

城市精神是一个城市独具特质的精神品格，是城市居民身份认同的信念依据；城市精神可以外化为城市发展的生机、活力和魅力，是城市特色的集中概括，是支撑城市文明和市民素质所能达到高度的精神力量。对于城市精神，不能简单地仅看成是市民主流价值的观念表达和对城市独特品格的抽象概括。实际上，城市精神与城市发展实践具有密切的相互联系，完整意义上的城市精神，包含了多个层面的内涵和意蕴。一是城市精神的概括和表述，是对城市发展形成的品格和特质的价值抽象，既有历史积淀，也具有时代特征；二是概括和提出城市精神，可以影响和作用于城市的发展以及市民的日常行为，因此城市精神与城市发展是一种相互建构的互动关系；三是面向未来的城市精神，需要通过具体的文化实践形式加以倡导、宣传和传播，才能有效影响市民的认同和行为，因此，城市精神的倡导、培育和践行是文化实践的具体过程。

2. 上海建设现代化国际大都市需要城市精神的价值引领

上海城市建设和治理在新时代中国特色社会主义现代化建设事

业中具有特殊重要地位。改革开放以来，邓小平、江泽民、胡锦涛、习近平等历届党中央领导人都多次对上海的城市建设和治理在全国改革发展大局中的战略定位作过重要论述，为上海的改革发展指明了方向。党的十八大以来，以习近平同志为核心的党中央明确要求上海作为全国经济中心城市，要在改革发展中进一步发挥好先行先试和创新探索的示范作用，当好改革开放的排头兵和先行者。按照国家战略的要求，在对外开放不断扩大条件下进一步提升上海在全国发展中的城市功能定位，由国际经济、金融、贸易和航运四个中心建设进一步扩展为五个中心，即建设国际经济、金融、贸易、航运中心和有全球影响力的科创中心。

深入学习、全面领会和贯彻落实习近平关于上海城市精神重要论述的理论内涵、精神实质和实践价值，必须正确把握城市精神与城市建设和治理的相互关系。首先，城市精神与城市建设和治理具有双向互构关系。上海改革发展实践的不断深化，对上海城市精神的概括和表述、培育和践行提出了与时俱进的时代要求；第二，城市精神作用于市民的价值认同，影响市民的日常行为，体现在上海改革发展实践的方方面面；第三，城市精神作为展现城市形象的价值内核，为上海改革发展团结民众、凝聚人心、共谋发展提供了精神纽带和思想动力；第四，城市精神的概括和提出是城市发展价值取向的自觉，是对全体市民的精神倡导，而对面向未来的上海城市精神的倡导，影响上海改革发展的具体实践，并在实践中不断丰富和充实。

习近平关于上海城市精神重要论述形成于不同时期，内容不限于关于上海城市精神的直接论述，而是在不同的场合联系城市精神、城市建设、城市治理、社区建设和百姓生活等城市建设治理方方面面的实际工作发表的一系列重要讲话。习近平关于上海城市精神重要论述话语平实、通俗易懂、很接地气、直指人心，体现了习近平同志对城市精神与城市建设和治理内在辩证互动关系的深刻把握，强调了新时代城市工作在党和国家全局中的极端重要性，凸显了以习近平同志为核心的党中央对上海改革发展的高度重视，展示了党中央对上海以城市精神凝聚人心、创新开拓、先行先试，发挥好改革开放排头兵、创新发展先行者示范作用的高度期待。

3. 习近平论上海城市精神的丰富内涵

2007 年，时任上海市委书记习近平亲自主持上海城市精神的提炼、概括和表述，并在同年召开的中共上海市委第九次党代会报告中代表市委正式提出上海城市精神“海纳百川、追求卓越、开明睿智、大气谦和”的新表述，号召全市人民与时俱进地培育和践行城市精神，大力塑造上海城市新形象，始终保持艰苦奋斗、昂扬向上的精神状态。上海城市精神的全新表述，阐明了上海城市未来发展的精神方向，为团结凝聚上海广大干部群众积极投身改革发展实践、奋发有为、塑造上海城市形象、激发上海城市魅力提供了行动指南。

同年，时任上海市委书记习近平赴虹口区视察，对虹口区在上海城市文化历史发展中的地位给予高度评价，指出近代以来的虹口地区是“海派文化发祥地、先进文化策源地、文化名人聚集地”。

习近平同志郑重提出，“我们一定要把党的历史完整地记载下来，教育下一代，这也包括要把‘四大’纪念馆建造好，把史料征集好，要重视党史研究工作，加强对建党精神创新研究成果的运用和转化”。习近平同志对上海城市文化历史发展的全面把握和高度重视，推动了上海把建党精神与城市精神有机结合，积极传承红色文化，把红色血脉融入城市文脉。①

无论是在上海工作期间，还是担任中共中央总书记以后，习近平同志始终心系上海改革发展。他对上海改革发展的评价、论述和意见涉及方方面面，内涵丰富，思想深刻。其中，有关上海城市精神、以及城市精神与城市建设和治理相互关系的重要论述，体现了习近平同志高度重视文化的力量在推进中国特色社会主义现代化事业中的巨大精神支撑和价值引领作用，是习近平新时代中国特色社会主义思想的有机组成部分，是马克思主义中国化的理论创新成果，具有鲜明的时代特征和实践针对性，是指导上海改革发展按照中央决策部署不断开拓创新、实现高质量发展的根本遵循。

4. 习近平论上海城市精神激励鞭策上海广大干部群众

党的十八大以来，以习近平同志为核心的党中央高度重视上海的改革发展实践。习近平总书记先后五次参加全国两会上海代表团

① 《展示建党初心：虹口区以党性教育为抓手深入推进学习实践活动》，中新网上海，2018 年 1 月 17 日。

讨论和审议，与两会代表谈改革，话创新，讲社会治理，理思路，明方向，提振精气神；四次视察上海出席相关重要活动，深入企事业单位和基层社区，考察上海党建、国企改革、基层民主、社区治理和科创中心建设等改革发展各项工作的创新进展，先后发表一系列重要讲话，对上海改革发展各项重要工作提出明确指导意见。

习近平同志关于上海改革发展一系列重要讲话，始终贯穿着倡导弘扬上海城市精神和城市品格的思想主线，极大地激励和鞭策了上海广大干部群众。上海市委市政府认真学习领会，及时做出工作部署，全面推进对习近平总书记有关上海城市精神、城市建设和治理重要论述的贯彻落实；市委市政府先后部署开展打响“上海制造、上海服务、上海购物、上海文化”四大品牌工作，①明确文化是城市发展的精神基石，打响上海文化品牌和建设国际文化大都市的三大重点任务是全面打响上海红色文化品牌、海派文化品牌、江南文化品牌；②深刻领会和准确把握习近平有关“人民城市人民建，人民城市为人民”的核心理念和价值追求，及时出台文件，全面部署将习近平“人民城市人民建，人民城市为人民”理念贯彻落实到上海建设社会主义现代化国际大都市的各项工作中去。③

---

① 2018 年 4 月 26 日，中共上海市委和上海市人民政府发布《关于全力打响上海“四大品牌”，率先推动高质量发展的若干意见》。

② 2018 年 4 月 29 日，中共上海市委和上海市人民政府发布《关于全力打响“上海文化”品牌，加快建成国际文化大都市三年行动计划》。

③ 2020 年 6 月 23 日，十一届市委九次全会通过了《中共上海市委关于深入贯彻落实“人民城市人民建，人民城市为人民”重要理念，谱写新时代人民城市新篇章的意见》，对加快建设具有世界影响力的社会主义现代化国际大都市作出全面部署。

在习近平总书记有关上海城市精神、城市建设和治理的一系列重要论述中，上海广大干部群众深切感受到了以习近平同志为核心的党中央对上海改革发展的高度重视、关心支持和殷切期望，引领新时代上海改革发展实践不断创新突破取得新成绩。

二、习近平关于城市精神重要论述的理论内涵

1. 城市精神论述的基本内涵

习近平总书记指出，“一个民族需要有民族精神，一个城市同样需要有城市精神。城市精神彰显着一个城市的特色风貌。要结合自己的历史传承、区域文化、时代要求，打造自己的城市精神，对外树立形象，对内凝聚人心”。①这一论述表达了习近平对在中国特色社会主义现代化建设中打造城市精神必要性的深刻认识，是进入新时代中国文化自觉与文化自信的体现。一座城市的发展历史之中包含着前人的智慧积淀，打造一个城市的城市精神需要深入挖掘一座城市的历史矿藏，从历史中汲取有益经验。“一方水土养一方人”，一个区域的文化持续滋养着该区域生活的人民，在城市精神中注入区域文化使人民在自己所感同身受的文化氛围中完成城市建设主体的自我认同。城市精神对于实践具有指导作用，因此需要立

① 习近平 2015 年 12 月 20 日至 21 日在中央城市工作会议上的讲话。

足城市时代发展要求来打造城市精神，使城市精神紧贴时代脉搏。

由习近平总书记亲自主持提炼的上海城市精神，表述为“海纳百川、追求卓越、开明睿智、大气谦和”。“海纳百川”，指的是上海有宽广胸襟，兼容并蓄有利于上海社会主义现代化建设的经验智慧。“海纳百川”，是上海自独立设县以来逐渐发展为“江海之通津、东南之都会”过程中智慧积累和历史传承，也是上海在新时代作为改革开放中取得硕果的成功经验。“追求卓越”，指的是上海以高标准要求自身、不断进取、锐意创新的精神品质。上海能成为中国改革开放的排头兵、创新发展的先行者，一个重要原因就在于敢为人先、永争第一的劲头，不断推进社会主义现代化建设。“开明睿智”，指的是上海以科学精神为指引，树立求真务实的作风，尊重事物发展规律，在理性引导下为中国、世界贡献上海智慧。“大气谦和”，是指用系统的思维看待上海的发展，从整体上把握上海的城市建设方向；立足上海，着眼全球，“大气谦和”的精神是上海作为现代化国际大都市的必要品质。

城市精神对于城市建设具有重要的指导和引领作用，习近平总书记提出“要发扬‘海纳百川、追求卓越、开明睿智、大气谦和’的上海城市精神，立足上海实际，借鉴世界大城市发展经验，着力打造社会主义现代化国际大都市”①。上海城市精神为上海打造社会主义现代化国际大都市提供了强有力的精神支撑与价值指引，其内涵也将在上海城市建设和治理的持续推进中不断得到深化和丰富。

---

① 习近平 2018 年 11 月 6 日至 7 日在上海考察时的讲话。

2. 城市精神论述的多维指向

城市精神论述的内涵价值指向。城市精神具有时代特征，城市精神只有反映时代要求和时代特色才能够对城市的建设发展起到引领作用。城市精神的形成、丰富和发展是一个动态过程，其内涵因时代的前进而不断更新。当今时代，国与国的竞争不仅只是经济、军事、科技等方面的硬实力竞争，也是一个国家文化软实力的竞争。作为社会主义先进文化的有机组成部分，城市精神的弘扬和培育是提升国家文化软实力的时代要求。进入新时代，以习近平同志为核心的党中央提出，我国社会主要矛盾已经转化为人民日益增长的美好生活需要和不平衡不充分的发展之间的矛盾。要满足人民向往美好生活的需要，必须大力推进社会主义先进文化建设，把我国建设成为社会主义文化强国。城市精神是城市文化的凝结与提升，是文化建设体现社会主义先进文化本质的时代要求和特色。

城市的历史文化是中华传统文化的一部分，习近平总书记指出要"努力实现传统文化的创造性转化、创新性发展"①。一座城市的城市精神，是其历史文化沉淀的结果。城市精神的打造与凝练是一个城市历史文化创造性转化的过程，为城市历史文化与现实文化建构起了相融相通的桥梁，使二者合力为一座城市以文化人服务。

城市是民族的城市，也是国家的城市，城市精神体现了民族精神。"任何城市都会伴随着民族文明的演进、国家社会的发展而形

① 《习近平谈治国理政》第二卷，外文出版社 2017 年版，第 313 页。

成和变迁”①。社会主义城市现代化建设是中国社会主义现代化建设的一部分，在这一过程中城市精神的内涵得以不断丰富，作为民族精神组成部分的它也在不断丰富着民族精神。

“社会主义核心价值观是社会主义核心价值体系的内核”②，城市精神中的价值观是城市文化的深层内核，也是社会主义核心价值体系的重要组成部分。社会主义核心价值观的提出过程是一个凝结社会共识的过程，是全社会各方面价值观的“最大公约数”。在积极培育和践行社会主义核心价值观的过程中，需要将其落实到实际的社会生活、生产之中。城市精神在社会主义核心价值观的引领下，使社会主义核心价值体系落地生根。

社会主义现代化城市的内涵指向。城市精神之于社会主义现代化城市的内涵主要体现在两个方面，一是城市精神与城市文化的相互关系，习近平总书记指出“文化是城市的灵魂”③，社会主义现代化城市需要有代表其自身特色的文化。城市精神的概括和提出，植根于城市文化的土壤之中，是城市文化发展现代化的过程。社会主义现代化城市的文化建设，不仅要繁荣发展和丰富多彩，而且要通过城市精神的概括和提炼、倡导和践行赋予其灵魂，并在时代发展潮流中不断深化和丰富其内涵。二是人民的根本利益是建设社会

① 吴潜涛、张新桥：《城市精神的内涵、时代价值及其弘扬和培育》，《北京教育·德育》2012年第5期。

② 佘双好：《深刻理解中国精神在当代中国的特定内涵》，《思想理论教育》2019年第5期。

③ 习近平2019年11月2日至3日在上海考察时的讲话。

主义现代化城市的出发点和落脚点，习近平总书记强调“人民城市人民建，人民城市为人民”。社会主义现代化的本质其实是“人的现代化”，“人的现代化”与社会现代化的关系是双向互动、辩证统一的。在城市建设过程中，城市精神为实现“人的现代化”工作提供精神支撑，为“人的自由而全面发展”提供智力支持。

3. 习近平关于城市精神重要论述与中国特色城市化道路

习近平关于城市精神的系列重要论述是习近平总书记在领导中国特色社会主义现代化建设进程中，立足新的时代背景，面对新的国情世情，从中国特色城市化道路的具体实践出发，创新性地提出的关于城市精神的新理论、新思想，明确了新时代我国城市精神建设的新思路。

（1）习近平关于城市精神重要论述与中国特色城市化道路，构成了相辅相成、内在统一的相互关系，统一于中国特色社会主义现代化建设的伟大实践。中国特色城市化道路是中国特色社会主义现代化建设的必由之路，习近平关于城市精神重要论述，站在历史新高度和时代制高点，是对新形势下城市发展转型客观趋势的准确判断和深刻分析，是对中国特色城市化道路实践经验的系统总结和理论提炼。

（2）习近平关于城市精神重要论述指导中国特色城市化道路的实践过程，为中国特色城市化发展提供基本遵循和行动指南。在充分总结我国城市建设与发展实践经验的基础上，习近平总书记概括提炼出一系列内容丰富、逻辑严谨的城市精神相关论述，为新时代我国城市改革发展的创新实践指明了方向。

（3）中国特色城市化道路实践的不断发展和深化，为全面理解和深刻把握习近平关于城市精神重要论述的理论内涵和精神实质提供了实践基础和新鲜经验，并随着中国特色城市化道路实践的不断拓展深化，为城市精神的倡导、培育和践行不断注入新的内涵。习近平关于城市精神重要论述，体现了中国特色社会主义进入新时代对我国城市发展提出的新要求，是对城市发展时代特征和规律的把握。而上海作为超大城市，在新时代以城市精神统领城市建设与治理过程，正是“海纳百川、追求卓越、开明睿智、大气谦和”城市精神在新时代新语境下的全新表达。

4. 习近平关于城市精神重要论述的理论特色

（1）人民性。“城市的核心是人”。基于对新时代城市发展新逻辑的全面把握，秉持“党全心全意为人民服务”宗旨的根本价值取向，2019 年 11 月 2 日，习近平总书记考察上海时，提出了“人民城市人民建，人民城市为人民”重要理念。这是习近平总书记把城市发展与人民利益紧密结合的全新表述，是习近平城市精神重要论述的有机组成部分，“两城论”着眼于城市建设与治理中人民群众的主体地位，突出强调了社会主义城市的“属于人民”和“为了人民”本质，从细微处入手，关注百姓日常生活小事和切身利益，为推动新时代我国城市建设和治理真正实现全民“共建”“共治”和

“共享”提供了行动指南。

（2）时代性。现阶段我国城市化进程仍处于快速发展区间，城镇化率已经由 1949 年新中国成立时的 10.64％迅速增长到 2019 年末的 60.60％，预计 2025 年中国城镇化率将达 65.5％。①这种城市化发展的成果和速度世界上绝无仅有，对中国特色社会主义现代化建设实践产生了极其重大的影响。作为超大城市，上海要贯彻落实习近平总书记的要求和党中央的决策部署，继续当好“改革开放排头兵”“创新发展先行者”，必须在社会主义现代化国际大都市建设中顺应时代要求、体现时代特色。习近平总书记关于城市精神重要论述，是对新时代社会主义城市建设和治理新趋势、新特点和新要求的全面把握。

（3）系统性。习近平关于城市精神重要论述涉及城市文化、城市建设和城市治理方方面面，其理论逻辑与城市建设和治理实践的具体过程紧密联系，并以城市精神论述内含的价值立场、思想方法和工作原则作为主线，贯穿于城市工作的全过程和各方面。习近平总书记立足城市工作全局，系统思考以往城市发展方式，提出“人民城市”重要理念，为确立“人民城市”价值导向，并具体落实到城市建设、发展与治理之中提供了系统方法；习近平城市精神重要论述强调，要让城市建设处处见“人”，城市发展时时为“人”，城市治理事事关“人”②；同时要求统筹“三生”“四宜”“五大关

① 2025 年预期数据参考《中国农村发展报告 2020》。

② 参见王振坡、张安琪、臧学英：《习近平关于城市发展重要论述的理论蕴涵与实践价值》，《江淮论坛》2019 年第 5 期。

系”，转变城市发展方式，完善城市治理体系，提高城市治理能力，走出一条中国特色的城市发展道路。

（4）实践性。习近平关于城市精神论述并非抽象的理论论述，而是源于实践，用于实践，即从城市改革发展的具体实践出发，必将对新时代中国特色城市化道路的创新实践产生巨大推动作用。“上海是世界观察中国的一个重要窗口”①。立足中国城市高质量发展的时代思考，习近平关于城市精神重要论述为在新的实践基础上丰富、深化和更新上海城市精神内涵提供根本遵循，也激励和鞭策着上海广大干部群众深入贯彻总书记关于上海改革发展的系列讲话精神，忠实践行、积极探索新时代在社会主义国际化大都市发展进程中建设人民城市的新路径，向世界展示中国形象、传递中国声音，为国家改革发展大局作出更大贡献。②

三、习近平关于城市精神论述的精神实质

1. 核心理念：人民城市人民建，人民城市为人民

习近平总书记曾说，“理念是行动的先导，一定的发展实践都

---

① 李强：《高举浦东开发开放旗帜 奋力创造新时代改革开放新奇迹》，《人民日报》2020 年 4 月 18 日。

② 参见谢坚钢、李琪：《以人民城市重要理念为指导推进新时代城市建设和治理现代化——学习贯彻习近平总书记考察上海杨浦滨江讲话精神》，《党政论坛》2020 年第 7 期。

是由一定的发展理念来引领的。发展理念是否对头，从根本上决定着发展成效乃至成败”。①2019 年 11 月，习近平总书记在上海考察时提出了“人民城市人民建，人民城市为人民”的理念。这一理念“为城市发展与治理提供了新时代的新坐标”，②回答了城市建设过程中“谁来建”、“为谁建”的问题，揭示了人民是党和政府在培育、引导践行城市精神过程中的“初心”和“终点”，是习近平城市精神重要论述精神实质中的核心理念。“城市是人民的城市”，③习近平城市精神重要论述的核心理念再一次突出了人民在社会主义建设事业中的中心位置，显示出城市的人民属性。城市属于人民，城市建设需要依靠人民，城市发展是为了人民，社会主义现代化城市建设旨在提高人民的幸福感、获得感、安全感。

在马克思的历史唯物主义思想中，人民是历史的创造者，只有依靠人民的实践活动，历史才得以向前推进。马克思指出：“历史的活动是群众的事业”，④人民既是社会物质财富的创造者，也是社会精神财富的创造者，更是推动社会进步、变革的决定性力量。“人民城市人民建，人民城市为人民”的理念不仅生动诠释了人在实践活动中实现自我价值，也在实践活动中满足需要，更显示出马克思主义理论在新时代中关于“人”与“物”思想的新发展。城市在“人的自由而全面发展”的过程中，并不仅仅使城市中单个个体

① 《习近平谈治国理政》第二卷，外文出版社 2017 年版，第 197 页。

② 吴新叶、付凯丰：《“人民城市人民建、人民城市为人民”的时代意涵》，《党政论坛》2020 年第 10 期。

③ 习近平 2019 年 11 月 2 日至 3 日在上海考察时的讲话。

④ 《马克思恩格斯选集》第 2 卷，人民出版社 1957 年版，第 104 页。

满足其自身的需求及价值实现，而是使广大人民对于美好生活的向往汇聚，形成全体人民共建、共享的“共同体”。

城市建设需要依靠人民，人民是城市建设的主体。尊重人民的主体地位，就是要将“人民至上”的理念贯穿于城市工作的整个过程之中。首先，在城市建设中依靠人民的力量，需要发挥群众的首创精神。习近平总书记指出，“人民是历史的创造者，群众是真正的英雄，人民群众是我们力量的源泉”，在全面深化改革的过程中需要发扬创新精神，人民群众中蕴藏着巨大的创造力。建设城市依靠人民的力量，要将人民的生活关切与城市建设、发展紧密相连，把顶层设计和问需于民、问计于民、问效于民统一起来，有序引导人民群众参与到城市建设当中，保障人民对城市发展决策的知情权、参与权和监督权。第二，建设社会主义现代化城市，需要依靠广大人民群众辛勤劳动，依托各方合力共同推动城市现代化发展进程。建设社会主义现代化城市的过程中，需要尊重人民意愿，维护人民权益。坚持“以人民为中心”并不等同于在推进城市建设过程中大包大揽、包办代替，而应在改革创新的思想指引下，以科学的制度营造积极、宽松的环境，使各界人民群众在自己所擅长的领域尽可能发挥能动性，使社会呈现活力与秩序的有机统一。

“治国有常，而利民为本”，社会主义城市建设的出发点和落脚点是广大人民的根本利益。迈入新时代，以习近平同志为核心的党中央提出了“创新、协调、绿色、开放、共享”的新发展理念。这之中“共享”的理念能够体现出马克思所设计的社会主义制度的优越性，其实质就是坚持以人民为中心的发展思想，显示出逐步实现共同富裕的要求。第一，是要努力使城市发展的成果覆盖到全体人民，做到“人人享有、各得其所”。第二，是要使人民共享城市建设在经济、政治、文化、社会、生态各方面的成果，不断完善各项政策，保障人民在各个方面的合法权益。第三，深刻、清醒地认识我国基本国情，立足于社会主义初级阶段的最大实际，脚踏实地为广大人民设计共享城市发展成果的政策。

习近平总书记在杨浦滨江提出的“人民城市人民建，人民城市为人民”理念，为城市建设工作指明了前进方向，提供了根本遵循，是中国人民在新时代城市化过程中为了创造美好生活，一步一个脚印实现“中国梦”的生动实践中所总结凝结而成的智慧结晶。中共上海市委十一届九次全会审议通过《中共上海市委关于深入贯彻落实“人民城市人民建，人民城市为人民”重要理念，谱写新时代人民城市新篇章的意见》，深入学习贯彻习近平总书记考察上海重要讲话精神，坚持以人民为中心的发展思想，对加快建设具有世界影响力的社会主义现代化国际大都市作出了全面部署。《意见》是市委对总书记一系列重要讲话精神的学习贯彻和部署，尤其是体现了对总书记有关“人民城市人民建人民城市为人民”这一根本理念的深刻把握，极大地振奋了上海广大干部群众的精神状态，激发了上海人民发扬上海城市精神、加快社会主义现代化国际大都市的工作激情。

2. 时代要求：社会主义现代化国际大都市建设目标

2018 年习近平总书记在上海考察时指出：“要发扬‘海纳百川、

追求卓越、开明睿智、大气谦和’的上海精神，立足上海实际，借鉴世界大城市发展经验，着力打造社会主义现代化国际大都市”。①

自上海城市精神正式提出以来，作为中国现代化超大城市建设的先行者，上海在城市建设的各个方面不断培育和践行城市精神、城市品格，二者也在城市建设和发展的实践中得到不断丰富与完善。

在城市经济建设中，创新是适应和引领经济发展新常态，推动供给侧结构性改革的根本依靠。上海以中央提出的“全球资源配置”“科技创新策源”“高端产业引领”“开放枢纽门户”四大功能建设要求为指导，在高质量发展中基本建成了国际经济、金融、贸易、航运中心；具有国际影响力的科技创新中心框架也已基本形成；在全市人民的共同努力下，经济总量迈入世界城市前列。站在新的历史方位，习近平总书记指出，要深入推进党中央交付给上海三项新的重大任务：上海自贸试验区临港新片区要进行更深层次、更宽领域、更大力度的全方位高水平开放；设立科创板并试点注册制要坚守定位，提高上市公司质量；长三角一体化三省一市要增强大局意识和全局观念。

深化社会治理创新，一流城市要有一流治理，在城市建设中要积极推进城市治理现代化。对于上海这座超大城市的治理，习近平指出：“要持续用力，不断深化，提升社会治理能力，增强社会发展活力”。②在城市治理中要坚持以人民为中心的宗旨，不断提高治

① 习近平 2018 年 11 月 6 日至 7 日在上海考察时的讲话。

② 习近平 2017 年 3 月 5 日在参加十二届全国人大五次会议上海代表团审议时的讲话。

理社会化、法治化、智能化、专业化水平，以细致入微的心思解决人民关切的突出问题，做到“民有所呼、我有所应”。

城市生态文明的建设是国家生态文明的组成部分，党的十八大提出建设生态文明是关系人民福祉、民族未来的长远大计。在生态建设上，习近平总书记指出“要构建和谐优美生态环境，把城市建设成为人与人、人与自然和谐共生的美丽家园”。①生态建设是城市生态文明建设的基础，其要求统筹城市生产、生活、生态三大布局，始终坚持满足人民的优美生态环境需要，将城市建设为低碳、绿色、可持续发展的环境空间。

3. 内在逻辑：城市治理与国家治理能力现代化

新中国成立 70 年来，中华民族迎来了由站起来、富起来到强起来的伟大飞跃，在 70 年的发展过程中中国特色社会主义制度的优越性日益凸显。随着改革开放的深入和社会主义现代化事业的发展，面对“形势任务的新变化、经济社会发展的新要求、人民群众的新期待”，②我国必须与时俱进地推进国家治理能力现代化。随着城市化程度不断加深，习近平总书记指出“城市治理是推进国家治理体系和治理能力现代化的重要内容”。③上海是世界观察中国的一

---

① 习近平 2020 年 11 月 12 日在浦东开发开放 30 周年庆祝大会上的讲话。

② 韩振峰：《怎样理解国家治理体系和治理能力现代化》，人民网，2013 年 12 月 16 日。

③ 习近平 2018 年 11 月 6 日至 7 日在上海考察时的讲话。

扇窗口，是全国改革开放的排头兵，推进上海这座超大城市的治理能力对于国家治理能力现代化有着重要意义。

法治化城市治理，是推进超大城市治理现代化的基础和标志。依法治国，建设社会主义法治国家是我国的基本治国方略，城市治理法治化与治国方略相吻合。2017 年“两会”期间，习近平参加上海代表团审议时强调“要强化依法治理，善于运用法治思维和法治方式解决城市治理顽症难题，努力形成城市综合管理法治化新格局”①。城市治理法治化需要坚持以人民为主体、保障人民民主、社会化和科学化的原则，并“处理好对物的治理与对人的治理的协同性关系”，维护人民权益，保障人民在城市中安居乐业。

科学化在超大城市治理的实践中必须被予以高度重视。2015 年的中央城市工作会议上，习近平总书记指出“做好城市工作，首先要认识、尊重、顺应城市发展规律”。②首先，需要城市治理者在此基础上进行科学决策，这是执政者站在人民立场，对人民负责的重要体现。同时，需要以科学的眼光抓好城市规划，既注意城市规划的连续性，也注意城市规划的协调性，综合考虑多种因素来制定城市规划。

精细化治理是超大城市治理的必然选择。超大城市的高速发展，表现出“变化的瞬时性、管理和服务需求的多元化以及城市问题的关联性”③ 的特征，这意味着传统意义上自上而下的城市治理

---

① 《践行新发展理念深化改革开放　加快建设现代化国际大都市》，《人民日报》2017 年 3 月 6 日。

② 习近平 2015 年 12 月 20 日至 21 日在中央城市工作会议上的讲话。

③ 王郁、李凌冰、魏程瑞：《超大城市精细化管理的概念内涵与实现路径》，《上海交通大学学报（哲学社会科学版）》2019 年第 2 期。

手段有效率降低，甚至失效的可能。面对新时代超大城市的发展特点及需求，2018 年习近平总书记提出“通过绣花般的细心、耐心、巧心提高精细化水平，绣出城市的品质品牌”,①其实质就是城市治理要在精细化上下功夫。一方面，对于精细化治理的目标进行精准定位，“在充分、及时了解不同区域中各类社会经济活动的服务需求及其变化趋势的基础上，建立差异化、个性化、多样化的目标定位”②；另一方面充分依托物联网、云计算、大数据、人工智能等技术，使科技赋能于城市治理的方方面面。

4. 实践路径：以城市精神团结民众、凝聚人心、共谋发展

习近平总书记曾指出“文化是人民生存和发展的重要力量”,③中华民族所特有的文化为其在发展中克服困难，迎接挑战提供强大精神支撑。每一座城市在历史的发展实践中都孕育出了具有自身特性的城市文化，而这种城市文化与城市建设、价值理念相互融合，凝结成一种城市精神。

“海纳百川、追求卓越、开明睿智、大气谦和”的城市精神，为上海的城市发展提供了强有力的支撑。上海的城市精神既展示着兼具历史传统与时代特征的上海城市形象，也包含着上海人民的集

---

① 韩振峰：《怎样理解国家治理体系和治理能力现代化》，人民网，2013 年 12 月 16 日。

② 王郁、李凌冰、魏程瑞：《超大城市精细化管理的概念内涵与实现路径》，《上海交通大学学报（哲学社会科学版）》2019 年第 2 期。

③ 习近平 2014 年 10 月 15 日在文艺工作座谈会上的讲话。

体价值追求和精神品质。一方面，城市精神以厚重的历史传统为上海人民找寻文化之“根”；另一方面，城市精神以贴近生活实践的价值追求和精神品质帮助上海人民进行自我认同。上海城市精神团结民众、凝聚人心，使人民的力量汇聚，集各方智慧，形成强大合力，以精神的力量为上海城市的发展注入源源不断的创造力、生命力。

四、习近平关于上海城市精神重要论述的实践价值

1. 新时代城市建设和治理的宗旨和原则：以人民为中心

“以人民为中心”是习近平领导的新时代治国理政的伟大实践、新时代坚持和发展中国特色社会主义的根本立场，既深刻体现了马克思主义政党的本质，体现了中国共产党的宗旨和党性原则，也已深深融入习近平新时代中国特色社会主义思想之中，成为贯穿其中的核心所在。体现在新时代城市建设和发展过程中，“以人民为中心”的根本立场提供了新时代城市建设和治理的检验标准、奋斗目标、力量保证、行动准则、发展战略和工作路线，成为习近平新时代城市建设和治理的根本导向。

“以人民为中心”是习近平新时代城市建设和治理思想的核心价值，是社会主义核心价值体系在城市建设和治理领域的具体体现。“城市的核心是人。”2015 年 12 月 20 日至 21 日，中央城市工作会议在北京举行，习近平总书记在会议上强调，“做好城市工作，

要顺应城市工作新形势、改革发展新要求、人民群众新期待，坚持以人民为中心的发展思想，坚持人民城市为人民”。新时代城市工作要落到实处，必须在“以人民为中心”这一宗旨和原则的指导下，统筹协调城市建设和城市治理工作的各个方面，着力解决现阶段人民群众密切关注的关键问题。

“以人民为中心”是习近平新时代城市建设和治理思想的根本导向。习近平总书记指出：“人民对美好生活的向往，就是我们的奋斗目标”。①城市归根结底是人民的城市，人民对美好生活的向往，就是城市建设与治理的方向。在城市建设中，必须坚持以人民为中心的发展思想，明确城市属于人民、城市发展为了人民、城市治理依靠人民，全心全意为人民群众创造更加幸福的美好生活。

2. 新时代城市建设和治理的主体力量

人民群众是历史的创造者，城市建设与治理的主体是人民。在城市建设与发展中，要发挥人民群众的主体作用，调动人民群众的积极性、主动性和创造性，发扬人民群众的首创精神，尊重城市居民对城市发展决策的知情权、参与权、表达权、监督权，鼓励市民通过各种方式参与城市建设和管理，真正实现共治共管；城市治理依靠人民，要始终坚持群众路线，依靠人民群众的力量建设新时代

① 习近平 2017 年 10 月 25 日在中共十九届中央政治局常委同中外记者见面时的重要讲话。

城市建设和城市治理的完整体系。

党建引领是新时代城市建设和治理的坚强保证。党的十九大报告对“不断提高党的建设质量”做出重要部署。党建质量成为体现党的建设深刻内涵和显示党建成效的重要标准，体现了党的建设实践探索和理论创新的新进展。新时代加强党对城市工作的全面领导，是做好城市建设与治理的基本前提。以高质量党建引领推动城市高质量发展，同时也要在城市建设与治理的生动实践中检验党的建设工作成效，不断实现党建质量提升。习近平总书记指出：“推进国家治理体系和治理能力现代化，必须抓好城市治理体系和治理能力现代化。”抓好城市治理，根本上要靠党的领导。要加强党的领导，推动党组织向最基层延伸，健全基层党组织工作体系，为城市建设与城市治理提供坚强保证。

由此，党建引领与群众路线、基层群众自治制度实现了制度协同，党建引领与人民群众的主体作用相辅相成，内在统一并优化推动着新时代城市建设和城市治理的实践过程。

3. 新时代城市建设和治理的统筹规划

马克思“空间生产”的生态批判伦理倡导空间生态的自然主义和人道主义统一，号召空间生产要维护人民群众的利益①。习近平

① 孙全胜：《马克思“空间生产”生态批判伦理的三重理论形态》，《重庆社会科学》2020 年第 7 期。

总书记强调："无论是城市规划还是城市建设，无论是新城区建设还是老城区改造，都要坚持以人民为中心，聚焦人民群众的需求，合理安排生产、生活、生态空间，走内涵式、集约型、绿色化的高质量发展路子，努力创造宜业、宜居、宜乐、宜游的良好环境，让人民有更多获得感，为人民创造更加幸福的美好生活。"①立足人民群众需求之上的"三生融合、四宜兼具"是新时代城市工作部署与规划的整体要求。

（1）坚持以人民为中心，聚焦人民群众的需求，为人民创造更加幸福的美好生活，是新时代城市建设的根本目的。"把人民生命安全和身体健康作为城市发展的基础目标。"2020 年 4 月，在中央财经委员会第七次会议上，习近平总书记再次强调，"要更好推进以人为核心的城镇化，使城市更健康、更安全、更宜居，成为人民群众高品质生活的空间。"人民城市重要理念立足于人民，要求一切城市工作都要围绕人民群众需要、贴近人民群众生活、服务人民群众利益。做好新时代城市工作，必须把"人民城市"的重要理念落实到城市建设、发展与治理工作的全过程之中。首先强调系统性与协调性，通过合理安排城市生产、生活、生态空间，走内涵式、集约型、绿色化的高质量发展路子，打造"让人民有更多获得感，为人民创造更加幸福的美好生活"的"人民城市"；其次要坚持以打造宜业、宜居、宜乐、宜游的城市环境为目标，致力于现代化高

① 转引自谢坚钢、李琪：《以人民城市重要理念为指导推进新时代城市建设和治理现代化——学习贯彻习近平总书记考察上海杨浦滨江讲话精神》，《党政论坛》2020 年第 7 期。

品质城市规划与建设，走出一条中国特色社会主义现代化的“人民城市”发展道路。

(2) 统筹生产、生活、生态三大布局，“把握好生产空间、生活空间、生态空间的内在联系，实现生产空间集约高效、生活空间宜居适度、生态空间山清水秀”,①增强城市内部布局的合理性，进而提高“人民城市”宜居性。从城乡规划角度，在城乡全域，生产空间指集中连片工业用地（大型独立工矿业）、区域性交通设施及公用设施、农业生产区；生活空间指城镇居民点（除工业园区）；生态空间指自然保护区、风景名胜区、水源保护地等。城镇区域内，生产空间指生产性为主的商业服务设施用地（B）、工业用地（M）、物流仓储用地（W）等；生活空间指居住用地（R）、公共管理与公共服务设施用地（A）、生活性为主的商业服务业设施用地（B）等。乡村区域内，生产空间指农业生产区、区域基础设施及公用设施、乡镇企业用地；生活空间指集中居民点的住宅、公共服务、公益设施等用地；生态空间指自然保护区、风景名胜区、水源保护地等。②

第一，促进生产空间集约高效，推动生产发展。生产发展带动经济增长，是城市发展的源泉和动力，通过合理规划、引导生产功能集聚区，实现同类产业的高度集聚，进而建立与资源、环境、生态相适宜的产业结构、布局和规模，提高土地利用效率，提高生产

---

① 谢坚钢、李琪：《以人民城市重要理念为指导推进新时代城市建设和治理现代化——学习贯彻习近平总书记考察上海杨浦滨江讲话精神》，《党政论坛》2020 年第 7 期。

② 姜露露：《“生产、生活、生态”统筹理念下的城市规划建设探索》，《智能建筑与智慧城市》2019 年第 10 期。

空间集约程度，实现社会物质生产的高效性与生态化，为“生活空间宜居适度、生态空间山清水秀”奠定物质基础。

第二，推动生活空间宜居适度，提升生活生态质量。生活空间是人民群众最直接接触、最广泛关注的城市空间类型。通过完善公共服务设施规划，打通城市服务脉络；通过传承、构建城市文脉，增强城市归属感和凝聚力，最终保障城市发展，提高城市综合素质，提升人民群众生活幸福感。

第三，追求生态空间山清水秀，推动城市生态转型。通过完善规划体系，修复城市生态环境，保障城市生态安全；加快推进高标准生态体系和高效服务体系建设，优化土地利用方式，推动城市生态转型；倡导树立生态文明理念，加强绿地系统建设、绿色公共交通和慢行体系建设，为城市生态格局的长期稳定提供保障。

(3) 宜业、宜居、宜乐、宜游的城市环境是新时代“人民城市”的基本特点和标准样貌。这一良好的城市环境从物质生活与精神生活两大层面，着眼人居、人本、人文三重维度，在宜业、宜居、宜乐、宜游四个方面为习近平总书记心中的“人民城市”描绘了理想蓝图。宜业、宜居从物质生活层面对新时代城市建设提出了基本要求，通过产业升级构建适宜人民群众生活的良好产业生态，通过城市建设融入生态自然，构建“望得见山、看得见水”的绿色人居环境；宜乐、宜游从精神生活层面对新时代城市建设过程中贯彻人本理念、培育人文情怀提出了更高要求，满足城市人民群众精神生活需求的同时，产生溢散、辐射和带动作用等更多可能。

4. 新时代超大城市的治理之道

城市治理是推进国家治理体系和治理能力现代化的重要内容。而社区建设和治理是基础，工作重心在基层，要重心下移，从细微处入手，从百姓日常生活小事做起。人民群众的衣食住行、教育就业、医疗养老、文化体育、生活环境、社会秩序等方面都体现着城市管理水平和服务质量。

新时代中国特色超大城市的社区建设和治理。习近平总书记强调，推进国家治理体系和治理能力现代化，社区治理只能加强、不能削弱。城市治理的“最后一公里”就在社区。“社区是党委和政府联系群众、服务群众的神经末梢”，能够及时感知社区居民的心事，一件一件加以解决。

创新社会治理，积极探索党建引领下的自治与共治相结合的社区治理模式，依靠党组织推动、居民自治、驻区单位共建。坚持党建引领城市基层治理，进一步推动党组织向基层延伸，促进城市基层治理提质增效，夯实基层社会治理根基，不断增强人民群众的获得感、幸福感、安全感。加强社区治理，既要发挥基层党组织的领导作用，也要发挥居民自治功能，把社区居民积极性、主动性调动起来，做到人人参与、人人负责、人人奉献、人人共享。

新时代中国特色超大城市治理的工作重心。习近平总书记强调：“要推动社会治理重心向基层下移，把更多资源、服务、管理放到社区。”这是党建引领城市基层治理的基础和前提。《中共中央关于制定国民经济和社会发展第十四个五年规划和二〇三五年远景目标的建议》指出，推动社会治理重心向基层下移，向基层放权赋能，加强城乡社区治理和服务体系建设。

第一，要牢记党的根本宗旨，坚持民有所呼、呼有所应，把群众大大小小的事情办好。树牢城市党建“一盘棋”思维，勇于打破行政隶属壁垒，敢于拆除相互封闭藩篱，在促进机关、部门、行业等党建资源下沉中推进管理服务重心下移，为城市基层治理奠定坚实基础。

第二，要着力完善城市治理体系。城市是生命体、有机体，要敬畏城市、善待城市，树立“全周期管理”意识，努力探索超大城市现代化治理新路子。要推动城市治理的重心和配套资源向街道社区下沉，聚焦基层党建、城市管理、社区治理和公共服务等主责主业，整合审批、服务、执法等方面力量，面向区域内群众开展服务。要着力完善城乡基层治理体系，夯实社会治理基层基础，推动社会治理重心下移，构建党组织领导的共建共治共享的城乡基层治理格局。

第三，要推进服务办理便捷化，优化办事流程，减少办理环节，加快政务信息系统资源整合共享。要推进服务供给精细化，找准服务群众的切入点和着力点，对接群众需求实施服务供给侧改革，办好一件件民生实事①。应把群众需求作为工作的出发点和落脚点，加强社区服务能力建设，更好地为群众提供精准化精细化服务，紧扣实际需求，用好精准服务“项目包”。

① 习近平2019年11月2日至3日在上海考察时的讲话。

上海坚持“城市是人民的城市，人民城市为人民”理念，推进政务服务“一网通办”和城市运行“一网统管”两张网建设，不断激发人民群众参与城市治理的活力，在基层社区努力构建社会治理共同体，更好地为全体居民提供多层次公共产品，提升群众的获得感、幸福感、安全感。通过加强街道党工委职能作用、有计划地购买社会组织的民生服务等多种方式，基层社区逐步形成以党组织为核心、居委会为主导、居民为主体，业主委员会、物业公司、驻区单位、群众团体、社会组织、群众活动团队等共同参与的治理架构。在这一过程中，社区治理工作者的服务意识逐步增强，人民群众的主人翁意识进一步提高，群众参与的制度化保障体系日益完善，共建共治共享的治理格局逐步形成。①

① 参见李友梅：《保持秩序与活力的动态平衡》，人民网，2020年7月17日。

第二章　上海精神文明建设聚焦培育和践行城市精神

习近平总书记指出，“中国特色社会主义是物质文明和精神文明全面发展的社会主义”。①自党的十一届三中全会召开以来，党中央高度重视精神文明建设，始终把精神文明建设放在社会主义现代化建设中的突出位置。上海市委市政府在党中央的领导下，在推动上海改革开放的进程中，坚持抓好精神文明建设工作，使其为上海飞速发展提供了智力支持与精神支撑。在改革开放的前 20 年，上海始终坚持以马克思主义、中国特色社会主义思想为指导，贯彻落实党中央关于精神文明建设工作的各项部署，精神文明建设工作卓有成效，推动上海在社会主义现代化建设中展现出良好的精神风貌。进入 21 世纪，上海精神文明建设工作迎来新机遇，党中央要求上海“四个中心”建设实现“四个加快”；十八大以来，以习近平同志为核心的党中央要求上海进一步深化改革，扩大开放，当好

---

① 《在同各界优秀青年代表座谈时的讲话》（2013 年 5 月 4 日），载《十八大以来重要文献选编》（上），中央文献出版社 2014 年版，第 280 页。

新时代改革开放的排头兵、创新发展的先行者；自举办东亚运动会以后，上海相继成功举办特奥会、世博会、进博会等世界级盛会。面对新时代新机遇，上海坚持在精神文明建设中大力培育弘扬和践行社会主义核心价值观，深入贯彻习近平关于上海城市精神重要论述精神，以人民为中心，着力推进市民文明素质和城市文明程度的提高。

一、习近平关于城市精神重要论述与上海精神文明建设的关系

习近平总书记指出，“社会主义的物质文明建设和精神文明建设，是建设社会主义不可分割的两个部分，都是硬任务”。中国特色社会主义的特色之一就是物质文明与精神文明全面发展的社会主义，精神文明建设是社会主义本质的题中应有之义。“人无精神则不立，国无精神则不强。精神是一个民族赖以长久生存的灵魂，唯有精神上达到一定的高度，这个民族才能在历史的洪流中屹立不倒、奋勇向前”。[①]中国精神为中华民族实现伟大复兴的中国梦凝聚了强大精神力量。

习近平关于上海城市精神重要论述是中国特色社会主义思想的

① 《在纪念红军长征胜利八十周年大会上的讲话》（2016 年 10 月 21 日），人民出版社 2016 年版，第 9 页。

重要组成部分，是中国精神在上海发展前进道路上的生动体现。上海城市精神凸显着上海这座城市特有的本色，是中华民族不可或缺的宝贵文明财富。社会主义精神文明建设是社会主义现代化建设的一部分，归根到底是为了实现“人的全面发展”，引导人有更高的能力改造客观世界。城市精神综合体现着一座城市治理水平、市民素质和文明程度。城市精神既是社会主义精神文明建设的成果体现，也是社会主义精神文明建设过程的重要组成部分。上海始终在弘扬社会主义核心价值观的引导下倡导、培育和践行城市精神，城市精神的内涵也在精神文明建设过程中不断丰富。

“文明是现代化国家的显著标志。要把提高社会文明程度作为建设社会主义文化强国的重大任务，坚持重在建设、以立为本，坚持久久为功、持之以恒，努力推动形成适应新时代要求的思想观念、精神面貌、文明风尚、行为规范。”①习近平关于上海城市精神重要论述，寄托着以习近平同志为核心的党中央对于上海这座能够代表近代中国百年风貌的现代化国际大都市的高度重视与殷切期待。以上海城市精神为底蕴不断推进精神文明建设工作，是上海贯彻落实习近平总书记关于上海城市精神论述的重要实践。在精神文明建设的过程中，上海依靠“海纳百川、追求卓越、开明睿智、大气谦和”的城市精神，体现出了精神文明建设工作的上海特色，彰显了上海的“开放、创新、包容”的城市品格。

---

① 习近平2020年9月22日在教育文化卫生体育领域专家代表座谈会上的讲话。

二、上海精神文明建设发展历程

1978年12月，党的十一届三中全会在北京召开，是新中国建立以来的伟大转折，开创了我国社会主义建设的新时期，邓小平在会议中提出了“解放思想，实事求是”的思想路线，指引中国迈出了改革开放的伟大步伐。改革开放对中国来说，不仅仅是一个建设社会主义物质文明的过程，也是一个建设社会主义精神文明的过程。1979年党的十一届四中全会上，叶剑英在《庆祝中华人民共和国成立三十周年大会上的讲话》中提出，“我们要在建设高度物质文明的同时，提高全民族的教育科学文化水平和健康水平，树立崇高的革命理想和革命道德风尚，发展高尚的丰富多彩的文化生活，建设高度的社会主义精神文明。”这是“精神文明建设”概念首次的提出，“初步勾画了我们党关于社会主义精神文明建设理论的轮廓”①。1986年党的十二届六中全会通过了《中共中央关于社会主义精神文明建设指导方针的决议》，邓小平再一次强调在社会主义现代化建设中对于物质文明与精神文明要“两手抓，两手都要硬”的方针，为我国进入改革开放时期进行精神文明建设做出了指引。

上海作为改革开放的排头兵，深入贯彻党中央在社会主义现代化建设中对于物质文明、精神文明“两手抓，两手都要硬”的要

① 《社会主义精神文明建设概论》，学习出版社2009年版，第16页。

求。市委于1981年开始要求全市党政组织引导广大市民、各行业广泛开展“五讲四美三热爱”活动。20世纪80年代，上海进行“五讲四美三热爱”活动的主要内容包括开展“讲文明、讲礼貌”宣传教育和社会实践活动、“全民文明礼貌月”活动和评选“精神文明十佳好事”“百件好事”等，有效提升了市民文明素质，积极完成了党中央“大力推进社会主义物质文明和精神文明的建设，实现社会风气的根本好转”的要求。在“五讲四美三热爱”活动基础上，上海将精神文明建设工作与城市治理工作相融，使精神文明建设朝着基础性和制度化建设的方向发展。①为了进一步改善社会风气，上海提出“做文明市民、创文明单位、建文明城市”的口号，也是上海20世纪80年代精神文明建设的工作目标。上海通过开展“三优一学”“岗位学雷锋、行业树新风”活动并以整治城市“脏、乱、差”、评选“青年文明岗”“最佳服务窗口”“军民共建”等活动形式使城市环境得到美化，令各行业服务水平得到优化，从而使社会风气得到改善。上海持续开展的文明单位创建活动中，“到1990年，全市已创建481个市级文明单位，5 000多个区、县、局级文明单位”。②80年代上海广泛且扎实开展的精神文明建设工作为全力迎接90年代浦东开发开放和上海“一年一个样，三年大变样”的超常发展带来了新风尚，为推动上海在改革开放进程中持续发力提供了有力的精神支撑。

①② 孙宝席：《上海精神文明建设的发展历程及基本经验》，《上海党史与党建》2009年第5期。

步入20世纪90年代，面对改革开放和社会主义现代化建设的新要求，上海精神文明建设工作的中心进一步明确为在党中央引领下坚持“两手抓”，着力提高市民文明素质和城市文明程度。1991年《解放日报》刊登了内容为建议使上海人素质适应改革开放形式的读者来信，引起了广大市民的热烈反响，社会各界均对讨论“九十年代上海人形象”表示赞同。次年3月，上海市精神文明建设工作动员大会对“九十年代上海人形象”大讨论予以肯定，并提出要通过大讨论发扬上海人的优良传统，提高全体市民的素质，树立与上海这个现代化国际性大都市相适应的良好形象。①“九十年代上海人形象”大讨论历时一年，围绕“认清形势、解放思想、振奋精神”的主题，吸引社会各界广泛参与，最终使民众对上海人形象达成了“文明礼貌、勤奋高效、胸怀大志、开拓创新”的共识。这场紧贴时代韵律的大讨论，着眼于20世纪90年代上海实际，为上海市全体人民建设社会主义现代化国际大都市增强了信心，表现了上海人将为社会主义现代化建设努力奋斗的决心，增强了使上海市各界一起创造更好明天的凝聚力。改革开放后的社会主义现代化建设过程中，上海人意识到自身知识、技能需与时代潮流相适应，1993年起上海广泛组织开展学知识、学科学、学技术的“三学”活动，旨在让广大职工群众学习新知识、掌握新技能。“三学”活动坚持“岗位成长”“自愿、自费、业余时间学习”的原则，总计吸引全市

---

① 陈至立：《开创上海精神文明建设工作新局面》，《上海党史与党建》2018年第11期。

两百余万群众职工参与，在活动过程中，上海举办了全国首创的市民计算机应用能力考试、各级各类业务培训学习，并结合科技节、科普工程使“三学”活动为上海现代化建设提供人才与智力保障，是物质文明与精神文明“两手抓”的典型案例。与此同时，上海持续加强爱国主义在精神文明建设工作中的地位，通过发挥博物馆、纪念馆、革命遗址等的作用，推进建设一大批爱国主义教育基地，使各年龄段市民充分接受爱国主义教育熏陶。一系列丰富的精神文明创建活动增强了上海市民对于“上海人”的身份认同，提高了市民思想道德素养，引导市民树立城市主人翁意识，从而使全体市民文明素质得到提高。

20 世纪 90 年代上海市民的居住条件和生活水平均有明显改善与提高，对于生活环境和生活质量有了更高要求。1991 年上海提出“环境整洁优美，社会秩序安定，社区服务全面，邻里关系和睦，文化生活丰富”的文明小区创建标准，目的在于为全体市民打造有序、安全、文明的现代化生活环境。随着首届东亚运动会在上海举办，上海市多家单位联合开展“迎东亚运‘优美环境’评选活动”，活动卓有成效地深化了上海文明小区的创建活动，使上海城市展现出新面貌，以社区建设为载体进行精神文明建设也为上海精神文明建设工作提供了有益经验。得益于改革开放的春风，上海的现代化建设速度急剧加快，当物质文明得到提升之时，人的社会公德素养亦需要与之适应的提高。自 1995 年开始，上海提出不随地吐痰、不乱扔垃圾、不损坏公物、不破坏绿化、不乱穿马路、不在公共场所吸烟、不说粗话脏话的“七不”规范，并号召广大市民及全行业参与，在城市内设立“七不”示范区域，通过身边的一件件小事来扎实提高市民文明素质，并通过全行业的共同行动，在全市形成了良好的文明风尚。1997 年上海志愿者协会成立，其以“服务他人，奉献社会”为宗旨，为城市精神文明建设发挥了重要作用，形成了一道代表城市文明程度的靓丽风景线。

进入新世纪，上海成功申办 2010 年上海世博会，为上海精神文明建设工作带来新契机，使其比以往更加注重塑造市民的精神品格与提高城市文明程度及治理水平。2003 年，上海本着“植根于历史、体现于现实、引领着未来”的原则，以“世博会与上海新一轮发展”为主题，开展了全市范围内的城市精神大讨论，并初步确立了“海纳百川，追求卓越”的上海精神。2007 年，由时任上海市委书记习近平亲自主持，将上海城市精神凝练、扩容为“海纳百川、追求卓越、开明睿智、大气谦和”。新的上海城市精神，为上海迎办世博会及以后的精神文明建设工作开展注入了强心剂，引领上海精神文明建设不断迈上新台阶。

在这一时期的精神文明建设工作中，上海紧紧围绕“城市，让生活更美好”这一主题，使其与城市建设、发展紧密相连。2004 年，上海出台了《上海迎世博文明行动计划》（以下简称“《行动计划》”）。《行动计划》首先强调引导市民在“七不”规范的基础上，将上海全力打造成“七建之城”，从法治、健康、生态、礼仪、诚信、学习、友善七个方面对上海迎办“世博会”提出了新目标、新要求。《行动计划》的起草坚定地站在人民立场之上，《行动计划》起草负责人诸大建教授指出“整个《行动计划》的选项、抓手都从人民群众的需要出发，促进人的全面发展，实现人民群众的根本利益。（《行动计划》）由人民来推动，引导人民广泛参与，成为实施‘行动计划’的主体。”①《行动计划》运用科学的手段，在对市民行为心理、环境进行分析的基础上，以城市生活、生产中大小活动为载体，分阶段形成文明创建制度架构，为上海城市文明程度的提高提供了坚实的支撑，以较为合理的运行机制保障了精神文明建设工作的进行。为推动《行动计划》顺利实现，上海重点展开了以下几个方面的活动。一是开展“文明行路”“文明乘车”“文明游园”“文明用厕”的专项行动，对部分缺乏社会公德意识的市民加以引导，使部分市民身上存在的不文明陋习得到革除，在举手投足间展现良好的上海形象；二是提出并落实《关于“知荣辱，讲文明，迎世博”上海市民践行公共道德教育实践活动的实施意见》，深化马克思主义与中国特色社会主义理论在市民中的价值引导作用，结合全国道德模范表彰，开展“学先进、树典型”活动，使市民得到榜样的激励；三是开展“文明在我脚下”“文明在我手中”“百万家庭学礼仪”“迎世博、学双语”“振兴中华读书活动”等一系列深入人心，贴近老百姓生活的活动，整合多方面资源打造市民自主提升素质的学习平台，加快上海构建学习型社会的进程；四是推动上海志愿服务活动更加深入、广泛、扎实地发展，从“特奥会”“奥运会”再到“世博会”，志愿服务的规模不断扩大、制度更

① 《以人为本〈上海迎世博文明行动计划〉解读》，《解放日报》2004 年 5 月 10 日。

加规范、运作方式日趋成熟，使志愿服务成为培养和弘扬城市精神的重要载体；①五是推进“城乡结对共建文明”活动实施，以“条块结合，区域联手”的方式，由资源共享到优势互补，最终在整个上海市范围内形成提升城市文明程度的合力；六是加大推进精神文明创建力度，并进一步修订、完善文明创建标准，制定了包括文明社区、文明村、文明行业等在内的七个文明创建项目规定及考核标准；七是建立指数测评机制，从2008年11月起，上海开展了“迎世博600天城市文明指数”测评，该指数对城市环境、秩序、服务进行测评，设有公共环境、居住环境、交通行为、场所秩序、服务环境、服务质量六个二级指标，②指数每一百天公布一次，为城市建设、治理提供了重要依据，是上海迎办世博会所探索出的有益经验，体现出上海精神文明建设工作与城市管理的良性互动。

三、上海精神文明建设新进展

党的十八大以来，以习近平同志为核心的党中央高度重视精神文明建设工作，2014年在联合国教科文组织总部的演讲中，习近平总书记指出，“实现中国梦，是物质文明和精神文明均衡发展、相互促进的结果”，“实现中国梦，是物质文明和精神文明比翼双飞的

① 谢黎萍、黄坚、孙宝席、马婉：《上海文化建设四十年》，上海人民出版社2018年版，第209页。

② 同上书，第214页。

发展过程”。为落实党中央对上海当好改革开放排头兵、创新发展先行者的要求，上海在习近平总书记关于城市精神论述的指引下进一步加强精神文明建设工作，使城市精神成为上海精神文明建设的深厚底蕴，为中华民族伟大复兴中国梦的实现贡献上海力量。

2012年召开的党的十八大，明确提出了“富强、民主、文明、和谐、自由、平等、公正、法治、爱国、敬业、诚信、友善”的社会主义核心价值观，习近平总书记强调要“使核心价值观的影响像空气一样无所不在、无时不有”。①党的十八大闭幕后，上海市委市政府把贯彻习近平总书记系列讲话精神、用理论武装思想作为首要政治任务，以多种方式组织开展习近平总书记治国理政思想学习，通过多种渠道宣传会议精神使广大党员群众从自身做起，提高了争当时代领头羊的自觉性和主动性。为进一步弘扬社会主义核心价值观，提升社会主义核心价值观的影响力，从2014年起，上海积极开展一系列以“中国梦、申城美”为主题的活动，使社会主义核心价值观融入精神文明建设之中。“中国梦、申城美”的系列活动主要包含：结合“上海十佳好事”“全国道德模范”“全国助人为乐模范”等先进典型，通过举办“上海好人节”“全国道德模范事迹展”、召开主题讲座与交流会等多种形式，激发市民吸收正能量、向先进典型学习；深度挖掘中华优秀传统文化，使之与上海文化相结合，在中华民族传统节日于上海文化地标开展丰富的民俗活动，

① 习近平2014年2月24日在十八届中央政治局第十三次集体学习时的讲话。

满足群众精神文化需求，使中华民族传统美德在当代上海焕发勃勃生机；围绕“五一”劳动节、“七一”建党节、“十一”国庆节等新中国重大节日、纪念日，积极开展爱国主义教育、理想信念教育活动，不断增强上海市民的民族自信心与民族自豪感。

上海的精神文明建设工作，始终以引导人民广泛参与、发动全行业形成合力为主要路径，从而实现人民素质、城市文明程度提高的目标。从改革开放之初，上海就着力推进文明单位的创建工作，不断引导各行业提升服务质量，践行诚信准则。上海在20世纪80年代的精神文明建设工作中就提出了“做文明市民、创文明单位、建文明城市”的工作口号，该口号由点及面对上海城市精神文明建设工作的目标作出了勾勒。在该口号中，“创文明单位”一直以来都是上海市精神文明建设工作的重要抓手之一。持续推进文明单位的创建工作，是精神文明建设与城市发展步调一致的体现，使精神文明建设与城市生产实践形成了有益互动，文明单位的创建工作在基层建设、提高素质、培育文化、树立形象，以及社会主义核心价值观体系建设等方面发挥了作用，具有重要意义。在文明单位创建活动过程之中，政府科学、有序引导，各单位积极响应，在社会中形成了积极向好的精神风尚。在20世纪90年代初期，上海从与人民群众生产、生活实践密切相关的“窗口”行业开始，“每年推出一批行业开展规范服务达标”，发挥“窗口”行业的带动作用，力求使良好的行业风尚、服务质量成为上海社会主义现代化大都市形象的突出代表。一系列文明单位的创建活动，一方面使上海单位职工接受职业道德教育和规范服务训练，培育了一大批爱岗敬业、奉献社会的优秀职工，整体提升了职业道德素养；一方面，与市民生活息息相关行业的服务水平、质量的提高，响应了广大市民的呼声，使其在生活工作中舒心、顺心，实实在在享受到上海精神文明建设工作带来的成果。在不断探索之中，上海市文明单位创建活动吸取现代化科学管理经验，走出了一条具有上海国际化大都市特色的文明单位创建道路。2012 年，上海在全国率先推行文明单位社会责任报告制度，在上海市 3 000 余家文明单位中开始稳步推进。文明单位社会责任报告制度倡导“公正、包容、责任、诚信”的价值取向，鼓励企事业单位积极承担社会责任，从而使社会主义核心价值体系建设化作实际行动，得到全社会广泛实践，在上海城市中落地生根。在 2012 年推出的《上海市文明单位社会责任报告指导手册（试行）》之中，对于文明单位员工责任、经济与服务责任、诚信责任、社区责任和环保责任五个方面的社会责任作出了规范，旨在以制度化、规范化的形式培育上海“道德企业、诚信单位”，使公民合法权益得到进一步保障。党的十八大以来，上海进一步号召企事业单位积极承担社会责任，每年由上海市经济团体联合会主办、上海市质量协会等承办，举行全市性企业和行业社会责任报告发布会，至今上海已成功举办十届企业社会责任报告发布会，吸引 300 余家上海优秀企事业单位参与。企业社会责任报告的推行，是上海市政府引导上海企业在国际竞争的环境下提升核心竞争力的重要举措，是精神文明创建工作与企业单位之间较为精准的结合点与切入点，能够有效凝结政府、企业、群众力量。在推进企业社会责任报告的过程中，上海一方面始终坚持把诚信观念的培育作为长期任务，在从业相关人员心中扎实树立诚信为本的思想意识；一方面不断完善相关制度法规，建立健全并不断扩大征信系统覆盖面，使企业社会责任报告制度成为引导企业可持续发展的德法并举的有效手段，以上两方面共同促进了上海社会诚信风尚的形成，从而进一步增强国民经济细胞的活跃性和竞争力。同时，企业社会责任报告制度工作的推进，亦使人民群众在就业、福利、健康、生态等方面更好共享改革的硕果，以科学、有序的方式在实践中体现出了社会主义制度的优越性。企业履行社会责任的过程，使企业发展紧贴时代脉搏，促进了企业负责任的优质品牌形象传播，让企业的发展动力充沛，不断向可持续、高质量发展的方向迈进；促进了城市文明程度的提高，使上海在打造"四大品牌"和建设"五个中心"要求的引领下，助力全社会形成生产、生活新风尚，凸显出新时代"创新、协调、绿色、开放、共享"新发展理念带来的价值。

党的十八大以来，上海不断拓宽精神文明建设渠道，创新精神文明建设工作方法。习近平总书记指出："当前，社会上思想活跃、观念碰撞，互联网等新技术新媒介日新月异，我们要审时度势、因势利导，创新内容和载体，改进方式和方法，使精神文明建设始终充满生机活力"。① 步入 21 世纪，网络空间日益成为我国人民的重要生存空间，上海适时持续加强网络精神文明建设，借助互联网以精神文明工作滋养市民。在网络精神文明建设中，上海坚持文明办

① 习近平 2015 年 2 月 28 日在会见第四届全国文明城市、文明村镇、文明单位和未成年人思想道德建设工作先进代表时的讲话。

网、文明用网、文明管网。2015 年，上海志愿者协会网络志愿者联盟揭牌，并发出“文明办网，文明上网”倡议，①旨在号召广大市民在互联网空间形成良好风气。上海也组织开展了多彩有益的网络精神文明活动，例如在上海文明网开设“好人 365”、“文明随手拍”等板块；利用新媒体资源开展公益广告展播、不文明行为投票；集合多家上海主流网站，形成网络教育联盟，并开辟“市民修身行动”专栏，为市民打造修身园地。上海积极利用互联网进行精神文明建设，不断进行精神文明内容和载体的创新，使精神文明愈发充满生机活力。

党的十九大报告中提到“没有高度的文化自信，没有文化的繁荣兴盛，就没有中华民族的伟大复兴”，为把中国建设成为社会主义文化强国，以习近平同志为核心的党中央高度重视精神文明建设工作，坚持“推动社会主义精神文明和物质文明协调发展”。进入社会主义新时代，上海面对新时代的新要求，深刻领会习近平总书记关于城市精神和精神文明建设的一系列重要论述，以上海城市精神为底蕴，在精神文明建设工作中持续发力，为上海在新时代的改革开放中前行提供强大精神动力。

2018 年 8 月，首届中国国际进口博览会（进博会）在上海举办，这是中国对外开放的新名片，是弘扬城市精神，向世界展示上海魅力的重大契机。在迎办进博会的过程中，上海发起《迎进博盛

① 《上海市网络精神文明建设工作推进会举行　董云虎讲话》，中国文明网，http://www.wenming.cn/syjj/dfcz/sh/201510/t20151026_2932049.shtml，2015 年 10 月 26 日。

会、展海派风采、扬城市精神》倡议书，倡议书中号召广大市民从小事做起，积极践行社会主义核心价值观、上海精神，遵守新“七不”规范，当好进博东道主，向世界展示上海形象。《倡议书》体现了上海及上海市民在新时代的责任担当，对《倡议书》内容的广泛实践体现了上海现代化国际大都市的形象以及上海市民的良好精神风貌。不仅如此，上海团市委还重点在30多所高校中启动了上海进博会志愿者招募及培训，以最高的标准、最严格的要求对标“不一般”和“国际一流”，为进博会培养、选拔、输送“政治素质过硬、业务能力过硬、外语水平过硬、精神风貌过硬”的志愿者，打造一支“经得起考验、担得起重任、能够展现上海青年志愿者形象的”志愿者队伍。①在迎办进博会的过程中，上海志愿者队伍圆满完成任务，通过进博会这一契机基本建设起了志愿者服务事业“组织运行、制度保障、能力建设、民生服务、文化涵育”的五大体系。在志愿服务活动中，社会主义核心价值观在基层得到积极实践，展现了上海良好的城市精神状态与城市风貌，也在国家重大活动中对外展示出新时期中国开放、友好的大国风范。经过全市人民共同努力，2018年11月，首届进博会盛大开幕，习近平总书记在开幕式讲话中指出：“一座城市有一座城市的品格。上海背靠长江水，面向太平洋，长期领中国开放风气之先。上海之所以发展得这么好，同其开放品格、开放优势、开放作为紧密相连。我曾经在上

① 《上海启动进口博览会志愿者市级重点培训》，上海文明网，http://sh.wenming.cn/jkblh/201809/t20180929_4849024.htm，2018年9月29日。

海工作过，切身感受到开放之于上海、上海开放之于中国的重要性。开放、创新、包容已成为上海最鲜明的品格。这种品格是新时代中国发展进步的生动写照。”①习近平总书记的讲话，肯定了上海城市精神的实践，亦是对于上海城市精神的凝练、升华与丰富。习近平总书记的讲话激励着上海在进博会及以后改革开放新征程中迈出更加坚定的步伐。

党的十九大以来，上海积极响应党中央的号召，结合实际加速推进实施上海市《基本公共文化服务实施标准（2015—2020）》，建立全国首个数字化文化服务地方标准《公共数字文化平台服务规范》，使新型现代化公共文化服务体系率先在上海基本建成。上海是全国最早推动社区文化活动中心设施运行管理社会化、专业化的城市，到2019年上海已建成216家社区文化活动中心，使企业、社会组织、群众文艺团队为基层精神文明建设注入了极大活力。为满足人民群众日益增长的精神文化需求，上海还积极为百姓搭建了一批展示、交流、学习的平台。例如，从2013年起开始举办“上海市民文化节”，以全市208个社区活动中心为主场，全面展示上海群众文化建设成果。现代化公共文化服务体系的基本建成，使精神文明建设更能为人民提供“坚强的思想保证、强大的精神力量、丰润的道德滋养”。②迈入“十四五”新发展阶段，上海市提出要“优先完善立体均衡的公共文化体系与设施布局，促进公共文化产

① 习近平2018年11月5日在首届中国国际进口博览会开幕式上的讲话。

② 习近平2015年2月28日在会见第四届全国文明城市、文明村镇、文明单位和未成年人思想道德建设工作先进代表时的讲话。

品更丰富、配送更精准，提升文化惠民的供给水平和服务效能”①的公共文化服务高质量发展目标，该目标显示出上海将继续着力满足人民群众在精神层面日益增长的美好生活需要，使社会主义现代化文化发展的成果惠及广大市民，进一步使社会主义精神文明建设在上海不断深入人心。

自 20 世纪 90 年代起，在创建文明社区的基础上，由上海市精神文明建设委员会批准，在黄浦、卢湾、静安开展文明城区的试点工作，并会同相关城区制定了《上海市创建文明城区指标体系》。1999 年，上海市黄浦区、卢湾区被评为“全国创建文明城市（区）”先进单位。上海在近 20 年的文明城区创建实践过程中，不断提高文明创建标准，深入推进文明城区创建活动。在 2011 年版的精神文明创建标准要求中“突出‘城区是基本、社区是基干、小区是基础、楼组是基石’的文明创建脉络”，②上海文明城区创建总结出了一条城市精细化治理的道路，使文明城区创建活动、创建成果扎实落到基层，打牢基础。2016 年，上海修订形成了《上海市精神文明创建管理规定与测评体系》，其围绕“培育和践行社会主义核心价值观”和“提高市民围绕文明素质、提高城市文明程度”，推动上海精神文明创建向科学化、规范化、现代化发展。③截至 2020 年，

① 上海市人民政府：《上海市国民经济和社会发展第十四个五年规划和二〇三五年远景目标纲要》。

② 谢黎萍、黄坚、孙宝席、马婉：《上海文化建设四十年》，上海人民出版社 2018 年版，第 216 页。

③ 同上书，第 215 页。

上海已有11个城区被评为“全国文明城区”。在新时期、新一轮的文明城区创建活动中，上海持续秉承社会主义核心价值观，并深挖传统文化，使传统与现代的中华优秀精神文明成果在文明创建过程中焕发生机，使城市文明创建活动得到不断延续与拓展。文明城区创建工作是一项群众性精神文明活动，上海市文明城区创建的各项活动始终以“两提高”为工作抓手，并始终以人民为中心坚持“创建为民、创惠为民、创建育民”，使精神文明建设的成果惠及千家万户，使市民文明素质和城市文明水平不断提升。

党的十九大以来，为贯彻国家乡村振兴战略，上海继续坚持在乡村精神文明建设中传承优秀乡村文化，破除陈规陋习，继续开展“美丽乡村”建设，使乡村环境、风气进一步改善，体现社会主义新农村的精神风貌；推进“乡贤文化”建设，传承优秀乡村文化，持续引导移风易俗工作的开展。一系列的活动使乡村精神文明建设落到实处，切实提高人民素质与乡村文明程度。同时，上海仍在持续推进“城乡结对共建文明”的精神文明创建工作，进一步发挥市区先进文明成果向郊区辐射的作用，以市区带动郊区农村精神文明程度改善提高。在“城乡结对共建文明”的工作中，上海坚持“条块结合、区域联手”的观念，使资源整合、优势互补，从而形成城乡精神文明建设工作的合力，取得了丰硕成果。截至2018年，上海市“城乡结对共建文明”已总计开展了三轮，三轮结对共建工作从党的建设、社会建设、经济发展、文化智力帮扶等方面，以项目为导向，对薄弱村县进行多方位、多领域的持续化、科学化的帮扶工作，在使城乡在物质生活上共同进步的同时，也令城乡在文明共创、人才共育、文体联动等精神文明建设工作中不断走上新台阶。

习近平总书记多次强调红色文化是中国特色社会主义文化的重要组成部分，指出我们要牢记红色江山来之不易，将革命先辈留下的宝贵历史财富继承好、发扬好，利用好红色文化资源，让红色基因代代相传。上海是中国共产党的诞生地，在精神文明建设之中始终将爱国主义教育与红色文化资源相结合。2016 年，上海启动“党的诞生地”发掘宣传工程，该项工程为期五年，旨在弘扬中国共产党在上海的光荣历史，彰显上海作为中国红色文化源头的地位。党的十九大结束后，习近平带领新一届中央政治局常委集体来到上海，在瞻仰中共一大会址纪念馆时，总书记指出要把中共一大会址保护好、利用好。总书记的指示为上海推动“党的诞生地”宣传发掘工程提供了强大动力。2018 年，上海市委市政府印发《关于全力打响“上海文化”品牌，加快建成国际文化大都市三年行动计划》，明确了打响红色文化品牌的重大任务。近年来，上海对红色文化资源进行整合，先后推出了汇聚 387 处红色文化资源的《上海红色文化地图》、标记了 1020 处红色纪念地的《上海红色文化图谱》；全市共同努力，着力推进打造建党历史资源高地、建党精神研究高地、建党故事传播高地的红色文化“三地”建设，开展全市革命文物普查和修复、重要革命史迹修缮、建设红色资源数据库和网络平台等工作；不断鼓励、支持红色题材文艺作品创作，推出一大批兼具观赏性、艺术性、思想性的文艺作品，如杂技剧《战上海》、话剧《永不消逝的电波》《一号机密》、电影《建军大业》《我是医生》等等。在精神文明建设中利用好、弘扬好红色资源、红色文化，为上海擦亮了“红色文化”的金字招牌，以人民喜闻乐见的方式让红色基因融入城市血脉，进一步强化了城市精神凝心聚力作用。

2020年，在同新型冠状病毒所带来疫情的生死较量中，上海医务工作者冲在援鄂第一线，体现了生命至上、举国同心、舍生忘死、尊重科学、命运与共的伟大抗疫精神，彰显了上海的城市精神与城市品格，上海这座城市的精神也得到了不断的丰富与升华。在上海，全市人民积极响应总书记重要指示精神以及党中央和市委关于疫情防控的决策部署，以精神文明建设工作为打赢新冠肺炎疫情阻击战提供了精神支撑。2020年一线抗疫防控工作激发了上海市民志愿服务的参与热情，截至2020年12月31日，上海实名认证注册志愿者人数在常住人口中的比例超过了21%，志愿者服务参与项目比例排名首位的是“疫情防控”，而排名服务活动前三位的为“社区值守测温巡查”“抗疫科普宣传辟谣”“关爱居家隔离人员”。上海志愿者团队的志愿服务精神愈发被广大市民所接受，成为城市精神文明建设的重要支持力量，而覆盖区级、乡镇（街道）级、村（居）级三级阵地的新时代文明实践站亦为广大热心市民群众提供了广阔舞台，使新时代文明实践中心成为上海市精神文明建设的重要阵地。上海将抗疫精神融入到城市精神文明建设中，贯彻落实党中央下发的《关于在打赢疫情防控阻击战中有针对性地开展精神文明教育的通知》。通过举办《召唤——上海市抗击新冠肺炎疫情美术、摄影主题》展、编写抗疫故事图书《守沪者》、于地铁站张贴抗疫英雄海报、开展“爱国卫生运动”、举行抗疫科普公益讲座等一系列活动，讲好抗疫故事、传播防疫知识。广大市民群众通过各种宣发渠道，感受到上海在抗击新冠肺炎疫情中所展现出的城市精神、城市品格，也令科学的卫生知识深入人心，使科学抗疫的观念与实践落实到城市生活的方方面面，帮助人们养成抗疫“新常态”下的良好卫生习惯。上海市在“分餐制”的推广中积极走在全国前列，出台地方标准《餐饮服务单位分餐制管理规范》，围绕“分派式”“位上式”“公筷公勺自取式”以及“自助餐式”四种分餐模式对食品餐饮行业重点制定服务、管理要求，力争在一至两年内实现“分餐健康知识宣传进社区全覆盖，分餐健康教育进学校全覆盖，机关企事业单位食堂供餐、公务接待分餐服务全覆盖，餐饮行业分餐制服务全覆盖”。①在“分餐制”的推广过程中，上海市提出政府倡导、企业示范、机关带头的“三大推进原则”，市健促委、市文明办、市卫健委、市健促中心联合向市民发出“吃饭新风尚，健康好习惯”的“分餐制”倡议，在全社会形成健康卫生新风尚。在疫情防控公众心理疏导方面，上海出台下发了《关于加强新冠肺炎疫情防控公众心理疏导的工作方案》。《方案》中提出，进一步加强上海市心理疏导平台建设，依托“健康上海 12320”“青年之声 12355”以及上海“健康云”发布疫情防控信息，并且组建心理咨询服务团队，针对重点对象开展线上线下多种形式的心理疏导。同时，上海还利用多种媒介载体，一方面以人民群众喜闻乐见的形式丰富市民精神生活，满足群众不同时段、多种类的精神文化需求，一方面结

① 《上海制定分餐制地方标准　公筷公勺成标配》，央视新闻客户端，2020 年 4 月 29 日。

合精神文明建设标准，积极弘扬城市精神，“引导居民养成健康心理，顾大局、明是非、守公德。”①上海以科学、精细、高效的工作在新冠肺炎疫情中守住了城门，守牢了国门。②

四、精神文明建设工作的上海特色

改革开放四十余年来，上海市委市政府围绕社会主义现代化建设，卓有成效地推进精神文明建设工作。根据党中央的要求，上海积极开展一系列具有时代特征和上海特色的精神文明建设活动，使精神文明建设渗透到上海城市生产、生活之中。上海坚持以新时代中国特色社会主义思想为指导，大力弘扬社会主义核心价值观，着力提高市民文明素质与城市文明程度。在精神文明建设工作的实践中，彰显出了城市精神与城市品格，二者也在实践中不断成长、丰富。在机遇挑战并存的环境中，上海精神文明建设工作成效显著，收获颇丰，在实践中显示出了上海特色。

第一，坚持“两手抓，两手都要硬”的基本方针，真正体现社会主义制度优越性，强化文化自觉与文化自信。上海历任市委领导班子均十分重视物质文明与精神文明的协调发展，始终把精神文明

① 《上海出台加强疫情防控公众心理疏导的工作方案》，《解放日报》2021年3月11日。

② 《疫情防控惊心动魄，上海守住了城门，守牢了国门》，《人民日报》2020年5月6日。

建设摆在突出位置，使精神文明落到实处，吸引人民群众广泛参与。上海精神文明建设的工作始终以经济建设为中心，坚定贯彻党的各项理论、方针，以丰富多彩的内容和推陈出新的形式为改革、发展、稳定的大局服务。

第二，精神文明建设工作始终站在广大人民群众的立场上，积极引导市民在工作、生活中形成良好精神风尚，为群众解决精神文明建设中的切身问题。习近平总书记指出，“抓精神文明建设要办实事、讲实效，紧紧围绕促进人民福祉来进行，坚决反对形式主义、官僚主义，努力满足人民群众不断增长的精神文化需求”。①上海精神文明建设工作的出发点和落脚点是人民的根本利益，精神文明建设工作始终坚持人民参与、为了人民，建立了深厚的群众基础。结合人民的需求开展工作是上海精神文明建设最行之有效的方法，精神文明建设与老百姓最关心的事相吻合，极大地促进了城市主体的主观能动性发挥。

第三，新时代精神文明建设工作坚持“五个结合”。上海把精神文明建设工作，与改革发展紧密结合，提升市民文明素养，提升城市服务水平，做好志愿服务工作，全方位展示上海良好形象和城市魅力；与打响上海“四大品牌”战略目标紧密结合，用好红色文化、海派文化、江南文化资源，打响“上海文化”品牌，建设国际文化大都市，同时使精神文明建设成为打响服务品牌、制造品牌、

① 习近平2015年2月28日在会见第四届全国文明城市、文明村镇、文明单位和未成年人思想道德建设工作先进代表时的讲话。

购物品牌的强大推动力；与创新社会治理紧密结合，沉到基层一线，创新渠道载体，延伸触角阵地，扩大精神文明建设的覆盖面和影响力；与城市精细化管理紧密结合，在无违建居村（街镇）创建、提升市容市貌、整治顽症痼疾、推进垃圾分类等方面引导市民共建共享、同向发力；与实施乡村振兴工作紧密结合，传承优秀乡村文化，加强精神文化产品供给，破除陈规陋习，培养健康的农村文化生活。①上海精神文明建设的“五个结合”，体现出了马克思主义理论中系统、全面的思维方式，体现出了上海对于以习近平同志为核心的党中央交给上海当好改革开放排头兵、创新发展先行者重任的担当与决心。

第四，坚持虚事实做，以务实的态度着力推进精神文明建设。上海在精神文明建设中既有远大目标，又有扎实行动，在城市建设中不断筑牢精神文明建设的基础。2007 年，时任上海市委书记习近平曾在上海市文明委会议中指出：“要从大处着眼、小处着手，推动城市文明和市民素质有一个大提升。”务实是上海城市的性格之一，是上海城市精神与品格的组成部分。在精神文明建设工作中，上海从各项法规、政策的制定开始，充分尊重科学规律，切实考虑各项工作的可执行性，并将各项文件、通知逐层细化，使精神文明的各项工作开展有章可循。同时，在精神文明的建设过程中，凭借广泛、深厚的群众基础，形成政府与人民的良性互动，充分发挥人

① 《上海市召开 2018 年精神文明建设工作会议》，上海文明网，http://www.wenming.cn/ziliao/jianbao/gddt/201805/t20180529_4703065.shtml，2018 年 5 月 29 日。

民的力量，进而使市民文明素质和城市文明不断提升。

第五，开风气之先，以改革创新为核心的时代精神为引领，贯彻发扬上海精神，在精神文明建设之中大胆创新、实践，取得积极成果并为中国其他城市贡献上海智慧。习近平总书记指出：“只有站在时代前沿，引领风气之先，精神文明建设才能发挥更大威力。”①上海作为现代化国际大都市，与其城市精神、城市品格中所蕴含的博大胸襟、长远目光、进取志向密不可分。上海在精神文明建设的工作中一直牢牢把握时代脉动，以历史的眼光谋划、开展各项活动，不断创新方式方法，以科学客观的态度持续推进。行稳致远，久久为功，方显上海本色。

① 习近平2015年2月28日在会见第四届全国文明城市、文明村镇、文明单位和未成年人思想道德建设工作先进代表时的讲话。

第三章　上海城市规划和更新彰显“人民至上”理念

城市公共空间是担负城市生产、生活的重要载体，城市公共空间建设改造是城市更新过程的重要环节，是城市适应时代发展和满足人民群众美好生活向往的工作抓手。党的十八大以来，上海城市空间规划与建设全面贯彻落实党和国家的一系列战略部署，在城市空间规划与建设中坚持以人民为中心，深入贯彻落实新时代“创新、协调、绿色、开放、共享”发展理念，不断使城市公共空间成为市民环境优美、功能完善的“起居室”和展现城市良好形象的“橱窗”，是贯彻落实习近平上海城市精神重要论述的生动实践。《上海市城市总体规划（2017—2035）》提出要将上海建设成为一座更具活力、更富魅力、更可持续的令人向往的创新之城、人文之城、生态之城，城市空间规划为上海实现其建设、发展目标提供了基础性支撑，为城市注入了新鲜活力。在深入贯彻落实习近平总书记有关城市精神重要论述的过程中，上海不断培育、践行“海纳百川、追求卓越、开明睿智、大气谦和”的上海城市精神，持续探索符合上海特征的城市空间建设改造工作路径，打造宜业、宜居、宜乐、宜游的城市环境，在增强人民幸福感、获得感、安全感的同时展现出良好的城市风貌，彰显出上海开放、创新、包容的城市品格。

一、习近平关于城市精神重要论述引领上海城市空间规划与建设

习近平总书记关于上海城市精神的一系列重要论述是习近平新时代中国特色社会主义思想的重要组成部分，体现了以习近平同志为核心的党中央对于上海城市建设的重视与关怀，为上海城市空间规划提供了强有力的理论支持和道路指引。

“中华民族要实现伟大复兴，必须与时俱进，不断前进”①，习近平总书记关于上海城市精神重要论述有着鲜明的时代内涵，体现着以习近平同志为核心的党中央将上海的建设放在中华民族伟大复兴战略全局、世界百年未有之大变局这两个大局之中的深度把握，上海也在不断完成党中央的要求，基本建成国际经济、金融、贸易、航运中心，基本形成具有国际影响力的科技创新中心，上海在改革开放以来已取得了丰硕的经济建设成果。社会主义经济建设的出发点与落脚点是为了实现“人的自由发展”，上海经济建设的优异成果由上海全体人民共同创造，应由全体上海人民共享。在习近平总书记关于上海城市精神重要论述的指引下，上海要在城市空

① 《习近平谈治国理政》第三卷，外文出版社 2020 年版。

间改造建设中践行、发扬上海城市精神，统筹改革、科技、文化三大动力，运用科学的方法、创新的思维探索城市空间规划的新路径。

“人民城市人民建，人民城市为人民”是习近平总书记关于上海城市精神重要论述的核心理念，回答了人民城市“谁来建”“为谁建”的关键问题。习近平总书记始终与广大人民群众站在同一立场，想群众之所想，更加突出了人民在城市建设中的主体地位。上海是一座拥有两千四百余万人口的超大型城市，人口密度大，土地资源稀缺，规划好、建设好上海城市公共空间对于提升人民群众获得感有着极为重要的意义。习近平总书记指出，“无论是城市规划还是城市建设，无论是新城区建设还是老城区改造，都要坚持以人民为中心”，①指引着上海在城市空间规划过程中始终聚焦于市民需求，为市民着力打造宜业、宜居、宜乐、宜游的城市环境。

习近平总书记指出：“人民群众对城市宜居生活的期待很高，城市工作要把创造优良人居环境作为中心目标，努力把城市建设成为人与人、人与自然和谐共处的美丽家园。”②随着社会经济的不断发展，城市公共空间日益成为城市物质文明、精神文明、生态文明等层面的重要载体，也是“承载市民公共生活的理想容器”③。城

① 习近平：《深入学习贯彻党的十九届四中全会精神　提高社会主义现代化国际大都市治理能力和水平》，学习强国，https://www.xuexi.cn/lgpage/detail/index.html?id=4255209228843927008，2019年11月3日。

② 《这个有关百姓生活环境的话题，习近平总书记格外关心》，人民网，https://www.sohu.com/a/325658634_114731，2019年7月9日。

③ 金云峰：《公园城市思想下的城市公共开放空间内生活力营造途径探究——以上海徐汇滨水空间更新为例》，《中国城市林业》2019年10月。

市公共空间的建设改造是新时期国土空间治理的新切入点，也是上海为市民打造宜居环境，提高生活品质的重要工作抓手。上海在对城市公共空间进行改造建设的过程中以习近平关于城市精神重要论述为思想指引，吸取世界一流城市公共空间建设经验，着力改善和解决在市场经济环境下城市更新所面临的城市空间过度商业化、碎片化、标准化①等问题和挑战，积极维护城市公共空间的公共性与正义性，力求使城市公共空间的价值为市民群众所共享。上海坚定贯彻落实绿色发展理念，将生态环境的改善、治理放在城市公共空间建设改造工作的突出位置，使城市不断向“人与自然和谐共处”方向发展，以城市公共空间的生态文明建设，构筑起城市生态文明。城市公共空间的建设改造，是构建城市肌理，激发城市活力的重要手段。习近平总书记指出：“我国古人说：‘城，所以盛民也。’城市发展要把握好生产空间、生活空间、生态空间的内在联系，实现生产空间集约高效、生活空间宜居适度、生态空间山清水秀。”②上海在习近平关于城市精神重要论述的指导下，将内涵式更新作为城市公共空间建设改造的实践路径，着力营造城市公共空间的内生活力。在城市公共空间建设改造实践中，上海从经济、文化、生态、社会等方面入手，不断深挖公共空间的生态内涵、人文内涵，使城市公共空间体现出上海城市个性，从而吸引人才、汇聚资本，

---

① 邓智团：《空间正义、社区赋权与城市更新范式的社会形塑》，《城市空间》2015 年 5 月。

② 《习近平 2015 年 12 月 20 日在中央城市工作会议上的讲话》，学习强国，https://www.xuexi.cn/ “习近平文汇”：VW001.046.20151220.001。

助推人民美好家园的可持续发展。

“城市建设，要让居民望得见山、看得见水、记得住乡愁。‘记得住乡愁’，就要保护弘扬中华优秀传统文化，延续城市历史文脉，保留中华文化基因。”①历史文化资源是一座城市宝贵的财富，上海有着丰富的历史文化，长期以来以其独特样貌滋养着生活在这里的人们。习近平总书记指出：“要在规划理念和方法上不断创新，增强规划科学性、指导性。要加强城市设计，提倡城市修补，加强控制性详细规划的公开性和强制性。要加强对城市的空间立体性、平面协调性、风貌整体性、文脉延续性等方面的规划和管控，留住城市特有的地域环境、文化特色、建筑风格等‘基因’。”②上海在城市空间规划过程中贯彻落实《关于加强文物保护利用改革的若干意见》《关于进一步加强城市与建筑风貌管理的通知》《历史文化名城保护专项规划》等一系列文件，在《上海市城市总体规划（2017—2035）》中明确提出要“保护风格独特的历史遗产”，综合保护、利用各类城乡历史文化要素，使城市历史文化资源充分发挥其对于城市公共文化空间的滋养作用，通过城市公共空间建设改造，城市历史文化资源焕发了生机活力，使城市的历史文脉在市民生产、生活中绵延永续。

习近平总书记关于城市精神的一系列论述为上海城市空间规划建设提供了强有力的支撑，并且团结着上海民众、凝聚人心、鼓舞

①② 《习近平2015年12月20日在中央城市工作会议上的讲话》，学习强国，https://www.xuexi.cn/“习近平文汇”：VW001.046.20151220.001。

人民共谋发展。上海城市精神在城市空间规划过程中不断得到发扬，在落实习近平关于上海城市精神重要论述的生动实践中，上海城市品格也不断焕发光芒。

二、城市精神和品格为新时代上海城市空间规划与建设注入灵魂

构建空间规划体系是中央政府高度关注的重大问题。自上海正式提出建设“社会主义现代化国际大都市”以来，城市公共空间规划和改造就成为上海城市建设的重要抓手。2018 年，上海正式发布《上海市城市总体规划（2017—2035）》，建构起“人民城市”发展的清晰框架。上海建设“社会主义现代化国际大都市”是一个系统性工程，揭示出“令人向往的创新之城、人文之城、生态之城”的发展愿景，而“海纳百川、追求卓越、开明睿智、大气谦和”的上海城市精神和“开放、包容、创新”的城市品格，在城市空间规划过程中内化于行，为上海建设“人民城市”、以新发展理念规划建设、传承城市文脉记忆、努力建设社会主义现代化国际大都市提供源源不断的内生精神动力。

上海城市空间规划和建设有着深厚的城市发展基础和迫切的现实需求契机。上海历来重视以科学的空间规划体系保障规划和建设的有效实施，若以 1946 年上海首次编制的完整版城市总体规划为始，至新一轮规划所指向的 2040 年，放眼百年，上海已经编制了

多轮城市总体规划，虽分别处于不同历史阶段，但规划本身在发展目标、空间布局、生态控制等方面，均体现了与时俱进、以人为本的鲜明特点。①城市空间规划占据上海城市总体规划越来越重要的地位，为上海城市空间发展奠定了坚实基础。

1946年《上海市都市计划（1946—1949）》，是上海乃至中国大城市编制的首部现代城市总体规划，提出市中心要保持32%的绿地和旷地。1986年《上海市城市总体规划方案（修改稿）》（以下简称“《方案》”）是上海有史以来第一个报国家批准的城市总体规划，也是第一个编制过程规范、内容系统完整且具有法律效力的城市总体规划。《方案》通过分区规划、分级管理初步探索建立空间规划编制体系，确定上海的城市性质为我国的经济中心之一，是重要的国际港口城市。2001年5月国务院批复的《上海市城市总体规划（1999—2020）》，确立了把上海建设成为“经济中心、航运中心和国家历史文化名城”“现代化国际大都市”“国际经济、金融、贸易和国际航运中心之一”的目标，对上海城市发展发挥了重要的引领作用，标志着上海从“浦江时代”迈向“长江时代”，为今后二十年的快速发展奠定了基础。规划确定的发展目标至今已经初步实现。

为了应对上海空间规划体系面临的新环境和新问题，着眼于超大城市规划管理和土地管理的实际需求，上海结合新一轮上海市总

① 《上海市发布〈上海市城市总体规划（2015—2040）纲要〉概要》，中国政府网，http://www.gov.cn/xinwen/2016-01/12/content_5032281.htm，2016年1月12日。

体规划的编制工作，同步探索空间规划体系的建构。2008 年 10 月，上海率先将原城市规划管理局和原住房土地管理局中的土地管理部门进行整合，建立“两规合一”规划体系，引领了全国超大城市规土合一探索的新方向。2009 年至 2010 年，上海探索市级“两规合一”，实现市级土地利用总体规划和城市总体规划空间方案的完全对接，实现城市规划在理念、方法、内容等方面的转型和创新，确保了新一轮城市总体规划的顺利实施。

除此之外，2015 年 5 月，为加快适应城市资源环境约束下内涵增长、创新发展的要求，上海市人民政府印发了《上海市城市更新实施办法》，标志着上海从“大拆大建”的规模扩张模式转入到注重品质提升的城市更新的新阶段。①城市更新，主要是指对上海市建成区城市空间形态和功能进行可持续改善的建设活动。一方面，上海成立“上海城市公共空间设计促进中心”，负责牵头举办上海城市空间艺术季等活动，直面公众，以展览与实践相结合的方式，激发城市空间活力，宣传城市更新理念；一方面，发布“行走上海”品牌，启动“城市更新四大行动计划”，即共享社区计划、创新园区计划、魅力风貌计划、休闲网络计划，推动了一批城市更新示范项目。尤其是在共享社区计划下推行的“行走上海——城市空间微更新计划”（以下简称“微更新”），通过试点探索不同类型空间的“微更新”方法，总结经验并示范引领效应。②如今，“微更

① 陈敏：《城市空间微更新之上海实践》，《建筑学报》2020 年第 10 期。

② 马宏、应孔晋：《社区空间微更新：上海城市有机更新背景下社区营造路径的探索》，《时代建筑》2016 年第 4 期。

新”正逐步走出社区，探索城市桥下空间、街道空间等多种可能。

2015年12月，中央城市工作会议文件明确了城市规划、建设与管理三大环节。规划的完成正是新一阶段城市建设与管理的起点，上海新一轮城市总体规划应运而生。2016年8月，《上海市城市总体规划（2016—2040）》（以下简称“上海2040”）草案面向广大市民征求意见。“上海2040”在理念、方法和内容等方面均进行了转型和创新，强调要合理布局文化创意、艺术博览、休闲旅游、健康服务、国际教育等高端服务功能区和文化产业集聚区，将城市公共空间营造作为工作研究的重要内容。新一轮城市总体规划，站在全球城市的高度，从规划理念、规划目标、空间视野和发展策略等方面描绘了上海乃至中国城市发展的未来愿景：将建设成为一座更具竞争力的繁荣创新之城、更具可持续发展能力的健康生态之城、更富魅力的幸福人文之城；同时明确提出，上海将着力构建充满活力的公共空间和开放紧凑的城市整体空间体系。“上海2040”树立了新常态下中国城市发展的新标杆，“全球城市”“存量规划”“底线意识、内涵发展、弹性适应”“空间留白”“以产业空间规划替代产业规划”“中央活动区”“15分钟社区生活圈”“90分钟都市通勤圈”等一系列新思路、新设计都已经在后续启动的城市规划中得到借鉴与参考。①

尤其是上海在国内率先提出“15分钟生活圈”概念，希望通过

① 屠启宇：《上海新一轮城市总体规划的创新与期待》，《上海城市规划》2017年第4期。

完善基本生活单元模式来反映和体现新时期的城市生活方式、规划实施、社区管理的转型。①2015 年，《上海市 15 分钟社区生活圈规划导则》（以下简称“《导则》”）的研究和制定工作启动，以规划标准和指引的方式，将“生活圈”概念落实为具体化、可操作的方法，在全市推广。上海在迈向卓越的全球城市的目标指引下，将打造“15 分钟社区生活圈”作为提升城市竞争力的重要举措之一，以“15 分钟社区生活圈”作为营造社区生活的基本单元，强调打造宜居、宜业、宜游、宜学的“15 分钟社区生活圈”，成为之后上海城市空间规划的重要指导思想和目标要求。一是 15 分钟的步行距离内，能够解决市民在社区里基本生活，乃至工作、休闲、学习等需求；二是由以生活为主的传统社区，向满足人民工作、休闲、学习、创新等综合需求的复合社区转型；三是未来这个社区将随着城市不断发展而自我有机更新；四是社区是一个开放的共享公共空间，不仅服务社区居民也对市民开放，让社区成为改善人民生活、提升城市竞争力的基本单元，为全年龄段人群提供覆盖高品质公共服务、舒适的公共空间和开放共享的社区环境，提升市民生活幸福感。

2017 年 12 月 15 日，国务院批复原则同意《上海市城市总体规划（2017—2035）》（以下简称“上海 2035”）。“上海 2035”以习近平新时代中国特色社会主义思想为指导，全面贯彻党的十九大

① 程蓉：《以提品质促实施为导向的上海 15 分钟社区生活圈的规划和实践》，《上海城市规划》2018 年第 2 期。

精神，全面对接“两个阶段”战略安排，落实创新、协调、绿色、开放、共享的发展理念，明确了上海至 2035 年并远景展望至 2050 年的总体目标、发展模式、空间格局、具体发展任务和举措，为上海未来发展描绘了美好蓝图。“上海 2035”进一步强调，在资源环境约束背景之下，上海要牢固树立“底线思维”，即将土地、人口、环境、安全四条底线贯穿于上海城市建设之中。“上海 2035”明确了上海的目标愿景：2035 年，基本建成令人向往的创新之城、人文之城、生态之城，和具有世界影响力的社会主义现代化国际大都市。“上海 2035”提出，要将“海纳百川、追求卓越、开明睿智、大气谦和”的上海城市精神融入城市规划、发展的各个方面，坚持不懈提升城市品质，尤其聚焦优良人居环境建设，提高人民群众的获得感和幸福感，让人民群众生活得更舒心。继续打造“15 分钟社区生活圈”，优化社区生活、就业和出行环境，社区公共服务设施 15 分钟步行可达覆盖率将达到 99%左右；构建高品质公共空间网络，增加广场、公园等独立占地的公共开放空间，推进“通江达海”的蓝网绿道建设；构建黄浦江两岸地区、苏州河沿线地区滨水贯通并向腹地延伸的公共开放空间，推进重大文化集聚区建设；建设高品质文教体卫设施等。着力将上海打造成为引领国际超大城市绿色、低碳、安全、可持续发展的新标杆。

随着上海城市发展，城市空间的规划建设越来越成为彰显城市魅力、提升城市竞争力和人民幸福度的重要手段。近年来，上海市在城市空间建设规划编制方面已经积累了丰富的实践经验。以黄浦江和苏州河沿岸地区规划创新为例，黄浦江和苏州河（以下简称

“一江一河”）作为上海的母亲河，是城市的标志性公共空间和重要的发展纽带，也是落实国家战略和参与全球竞争的绝佳展示窗口。上海聚焦“一江一河”核心段公共空间贯通工程，力求将滨江空间打造成为市民共享的“客厅”与“舞台”。具体而言，黄浦江滨江空间是全球城市核心功能的空间载体，是具有全球影响力的复合功能的汇聚地，蕴含丰富人文内涵的城市公共客厅，体现高等级文化影响力的标志性展示窗口，标示城市宏观尺度价值的生态廊道，因此力求布局大型公共绿地和生态斑块，发挥更高能级的生态效应。苏州河滨河空间则更强调市民生活气息，是多元功能复合的活力城区、有温度的人文城区、生态效益最大化的绿色城区，是亲切和谐、引人向往、与市民日常生活紧密关联的滨水场所。①“一江一河”的规划愿景与实现路径，是新时期上海谋求城市高品质发展、精细化建设的成功典范，是对上海城市精神的具体实践，对上海及其他城市空间规划和建设具有重要的标杆和引领作用。

2021 年 1 月 27 日，上海市第十五届人民代表大会第五次会议批准《上海市国民经济和社会发展第十四个五年规划和二〇三五年远景目标纲要》（以下简称“《纲要》”）。《纲要》明确，要以嘉定、青浦、松江、奉贤、南汇五个新城建设为发力点，跳出上海市域“中心城＋郊区”的二元空间模式，优化市域空间格局，加快形成“中心辐射、两翼齐飞、新城发力、南北转型”的上海市域空间

① 徐毅松：《迈向卓越全球城市的世界级滨水区建设探索》，《上海城市规划》2018 年第 6 期。

新格局。至 2025 年，“五个新城”基本形成独立的城市功能，在长三角城市网络中初步具备综合性节点城市的地位；至 2035 年，“五个新城”基本建设成为长三角地区具有辐射带动作用的综合性节点城市。①以“迈向最现代的未来之城”作为目标愿景，围绕“最具活力”“最便利”“最生态”和“最具特色”四项空间品质的基本要求，按照超出中心城建设的标准和水平突出“五个新城”的空间品质，这就是未来上海城市空间升级的全新密码。一城一名园、一城一枢纽、一城一意象，“新格局”清晰展现了上海面向未来的发展视野，系统重塑了上海空间格局的升级路径，在新的时间维度里展开着新的空间维度。②

三、上海城市空间规划、建设与改造的新进展

一是“以人为本”，公共空间书写人民性，聚焦人民群众的实际需求，配置高品质的公共设施体系，精心构筑高品质公共空间，努力创造宜业、宜居、宜乐、宜游的良好环境，打造上海新时代都市发展新标杆，展现“人民城市”的温度与情怀。

---

① 《上海市国民经济和社会发展第十四个五年规划和二〇三五年远景目标纲要》，http://www.shanghai.gov.cn/nw12344/20210129/ced9958c16294feab926754394d9db91.html，2021 年 1 月 30 日。

② 《“五个新城”未来一城一名园、一城一枢纽、一城一意象》，上观新闻，http://ghzyj.sh.gov.cn/gzdt/20210222/4ff5b49372314794879e451f4231ac83.html，2021 年 2 月 20 日。

海派文化的精华，很大一部分体现在公共性。目前，上海已有45公里黄浦江岸线贯通，还江于民，“工业锈带”变为了“生活秀带”；2020年12月26日，静安区苏州河沿线的唯一一处断点实现结构贯通，为实现苏州河从外白渡桥到外环线两侧共计42公里岸线的公共空间基本贯通开放的规划目标奠定基础。“一江一河”两岸公共空间建设是重要的民心工程，是上海将城市最好资源、更多城市空间留给人民的重要体现。杨浦滨江是习近平考察上海作出“人民城市人民建，人民城市为人民”重要指示的地方，为进一步贯彻习近平总书记关于建设“人民城市”的殷殷嘱托，杨浦滨江也正发力争创人民城市建设的示范点，不仅建设开放了更多绿地、文化场所、健身场地，配置完善高品质公共设施体系，而且围绕发挥人民的主体力量，进一步建立了区域联席理事会，搭建人民建议征集平台，主动收集市民对杨浦滨江公共区域建设的意见建议；与区域内复旦、同济等高校携手，设立了社区政工师、社区规划师、社区健康师等“三师三顾问”以及“人民事人民定”的社区事务代表表决制等。由硬件设施到软性体系建设，杨浦滨江内外兼顾，进行着一场城市建设“靠人民”“为人民”的生动实践。

在上海，不同时期、不同风格的街区，讲述着不同的故事，积淀着这座城市“海纳百川、追求卓越、开明睿智、大气谦和”的城市精神，彰显着“开放、创新、包容”的城市品格，呈现出红色文化、海派文化、江南文化交相辉映的文化特质。最美的街区，就是以人为尺度的街区。历史文化名街武康路通过街区“微更新”打造出文旅新空间、新体验。一直以来，风貌区周边尤其是武康大楼外墙盘亘的老旧线路总是使慕名而来的游客和周边居民深感遗憾。2018年3月起，徐汇区采取电线杆“合杆”、架空线“入地”等动作清空建筑周边上空的“蜘蛛网”，同时优化、移除“城市家具”109处，包含信号灯综合杆优化、冗余立杆移除、空调外机隐藏等，从而向外扩展人行步道空间3.6米，整合出辐射周边海派文化地标的武康大楼“源点广场”，被誉为“最佳拍摄地”，给予行人驻留路口更从容的空间，还原了游客眼中的如画风景。①徐汇区漕河泾街道辖区内写字楼林立，都市白领成为街道工作者的重要服务对象。2021年3月，为打造全年龄、全人群友好型共享空间，服务和凝聚楼宇白领青年，徐汇区漕河泾街道秉承“开放式、集约化、共享性、枢纽型”的建设理念，以实际需求为导向，以群众满意为标准，推动社区党群服务中心、新时代文明实践中心、社区文化活动中心融合，依托大型公租房社区馨逸公寓，打造都市白领“家门口的客厅”——“馨空间”。②“馨空间”作为开放共享、寄景于乐的城市生活衍生空间，能够激发年轻都市人群的邻里认同感和归属感，从细微处展现着“人民城市”的温热与细腻情感。上海街区空间更新坚持了以人为尺度的原则，充分体现出人民城市的理念和温度，是贯彻落实习近平总书记“人民城市人民建，人民城市为人民”重要指示的具体实践。

---

① 《武康大楼街区折射的人民理念和文旅温度》，《解放日报》2021年3月5日。

② 《徐汇区漕河泾街道：共治平台强堡垒“三圈融合”提能级》，人民网，http://sh.people.com.cn/n2/2021/0323/c134768-34636539.html，2021年3月23日。

2021年上海还将回应市民关切的问题，试点推动公共文化空间错时开放、延时开放，探索建立公共文化场馆提供公益性低收费的公共文化产品和服务机制，体现出上海公共文化服务正进一步聚焦于“人”。2021年1月，市十五届人大五次会议批准的《上海市国民经济和社会发展第十四个五年规划和二〇三五年远景目标纲要（草案）》中，“坚持以人民为中心”被写入基本原则。相信上海未来将出现更多“生活秀带”，人民生活幸福感得到更好的提升。

二是紧紧围绕“15分钟生活圈”的目标要求指导城市空间建设改造，将创新、协调、绿色、开放、共享的新发展理念贯彻到规划建设全过程，以更高标准、更大格局开启新一轮的发展，下绣花功夫画好空间建设改造的“工笔画”，满足新时期城市建设发展的新要求。

上海持续提升人民群众的“获得感、幸福感、安全感”，在“一江一河”贯通的基础上，进一步提升配套品质，精心打造“15分钟生活圈”。《上海市城市总体规划（2017—2035）》提出，上海将聚焦优良人居环境建设，让人民群众生活得更舒心，通过打造15分钟社区生活圈，优化社区生活、就业和出行环境，力求社区公共服务设施15分钟步行可达覆盖率达到99%左右。一方面，上海将构建高品质城市空间贯通网络，“通江达海”的蓝网绿道项目将建成226条水绿交融的河道空间，形成总长度2 000公里左右的骨干绿道；构建黄浦江两岸地区、苏州河沿线地区滨水贯通并向腹地延伸的公共开放空间，推进重大文化集聚区建设。另一方面，还将建设高品质文教体卫设施，优化高等教育设施功能布局，推进市级体育设施优化功能布局，打造高品质国际化的健康休闲、医疗服务和医学科创中心。

上海城市空间规划注重基础设施系统建设，创建触媒激活空间联动。2020年《黄浦江两岸公共空间贯通开放规划》提出了“更开放、更人文、更美丽、更绿色、更活力、更舒适”六大发展理念，着力构建“空间贯通、文化风貌、景点观赏、绿化生态、公共活动、服务设施”六个系统，同时设置十个不同主题的滨江区段，致力于打造工业文明、创意博览、海派经典等多个各具特色的滨江空间序列。滨江两岸作为城市公共活动的重要空间，建构滨水空间最终要以人为本，只有塑造吸引人的软硬件设施，黄浦江两岸公共空间才能不断聚集人气、重焕新生。通过滨江绿道作为“线”，串联“点”状的各类城市空间形成了区域整体框架，基于人的需求，22座浦东“望江驿”陆续建成，多种类型的休息驿站配备有自动贩卖机、公共厕所、24小时热饮水、淋浴服务等，为游客和市民带来完善便捷的游览体验，更重要的是，休息驿站本身也将成为人与人最直接、生动的交互空间。

城市空间塑造手法多元，功能复合亮点多，注重活用立体空间，发掘小微空间，提供多层次的开放空间。基于城市空间的衔接和满足多种游览方式的需求，上海滨江绿道采用多种类型的架空骑行道，尤其徐汇滨江段的架空步道下方结合立柱开设了运动公园，形成上层步行游览、中层运动、下层休闲的三层体验空间，多重的空间设计和功能植入丰富了感官体验层次，力求最大限度挖掘滨江的空间资源。

景观环境优化，巩固城市生态基底，坚持多策并举，找到城市公共空间开发与自然保护的平衡点。“修复和保护”是滨江绿道开发的重要原则，一方面，通过综合治理工业化土壤，提升重塑植被环境来修复原本受损的环境；另一方面，在绿道修建过程中，采用架空栈道的形式保护河岸自然生态。设计师们也把对环境保护的理念通过水敏性创新设计的方式融入城市空间设计过程中，如在后滩公园，公众可以直观看到植物如何对水体进行净化过滤。2020 年，作为中国第一座现代化水厂和远东地区最大水厂，被列为全国重点文物保护单位、中国工业遗产保护单位的杨树浦水厂启动深度处理，计划用 4 年时间，将厂内所有生产线改为更绿色环保的“臭氧 + 生物活性炭”的深度处理工艺，惠及上海杨浦、虹口、静安、普陀、宝山等五区近 300 万市民。如今，水厂内设备全新改造升级，厂外的公共空间则成为最受市民游客喜爱的网红打卡地之一。可见，景观环境优化推动城市生态环境的可持续发展，城市公共空间是城市与自然的交融地，是人气活力的聚集地，也是一座会呼吸的城市“公共客厅”。

三是“文化为魂”，传承城市历史文脉，尊重和活化城市文化遗存，守护上海的城市记忆。在此基础上完善城市公共文化服务体系，持续打造有温度、有人气，既好看、又实用的城市“文化客厅”，满足人民日益增长的精神文化需要。

延续性是城市更新的前提，“旧物活用”推动城市有机更新。滨江区域存在大量工业遗存，在滨江开发的过程中，设计师没有选择“大拆大建”和推倒重塑，而是将众多工业遗留，尤其是建筑，通过创意改造的方式予以二次利用，将休闲旅游、文化互动、自然体验和商业活动等基础功能与充分挖掘、保护工业遗存的文化内涵有机融合，打造了一个个集功能性与文化性于一体的复合城市文化空间新地标。“旧物”植入新的城市功能，上海船厂被改造成了1862时尚艺术中心，南市发电厂成为了今日的上海当代艺术博物馆，外滩“第二立面”老大楼也进行了功能置换改造，实现了各自价值的延续、扩容和升华。上海通过精细化的风貌保护和城市更新手法，让城市空间复合叠加历史、文化、商业等多种功能，给市民带来更多独特体验。“空间是服务于人的，好看的空间，人们才愿意走进它。”①设计师的巧思也体现在景观建构上。在杨浦滨江示范段，设计师将工业文化解构并与空间融合，用大量的地面铺装来营造工业感极强的氛围基调，同时将水龙头、船锚、吊塔和船桩等工业元素提炼，通过二维景观小品、科普展示设施和景观设施的形式呈现，从而在细节上点缀突出工业文化。把区域独特的地理位置优势与深厚的本地历史文化底蕴充分结合，建筑形态设计精益求精，“城市家具”设置精雕细琢，公共服务供给精心精细，上海的城市文化记忆正在延伸与成长。

城市历史文化传承推动城市文化创新，延续城市文脉生发新时代城市特色。2021年3月26日，上海市民文化节主要活动、第六届“足迹”青少年美术书法展示活动优秀作品展在杨浦滨江毛麻仓库开幕。在此之前，这里已成功举办2019上海城市空间艺术季、

① 钟菡：《聚焦于“人”，服务人，为了人》，《解放日报》2021年1月21日。

2020 上海国际摄影节等多场人气展览，俨然成为黄浦江畔一处集聚释放艺术魅力和人文关怀的创新空间。当下，在这片百年工业遗存的厚重空间，一栋四层高的红色砖墙老建筑里，展示着孩子们用画笔描绘祖国建设取得的伟大成就，展现着中国人民战胜新冠肺炎疫情的决心和信念，传递出同舟共济、守望相助的真情实感。①未来，将有更多青少年来到这片公共空间，这不仅是对城市工业遗产的保护，也是城市历史文脉的延续，更赋予了“旧物”全新生命力和文化内涵。提到上海城市发展中的新老交汇，最具代表性的当属虹口区。位于虹口区长阳路 62 号的上海犹太难民纪念馆记录着虹口的“旧”。2007 年，虹口区以摩西会堂旧址为核心建立了上海犹太难民纪念馆。2020 年，配合虹口区北外滩开发建设开局上海犹太难民纪念馆在历经三年的修缮后重新开放，迎来各国政要、名流、学者，以及犹太难民后裔等各界嘉宾的参观。昔日庇护犹太难民的“温馨港湾”如今成为未来“世界会客厅”的一部分，向人们讲述这片土地上跨越民族的过往与新生。②同样位于虹口区，一条多伦路记录了鲁迅、茅盾、郭沫若、叶圣陶等文学巨匠在虹口撑起“现代文学重镇”历史地位的过往。曾经，烟火气与书卷气在虹口上空交相飘荡，人文气息和上海开埠的汽轮声同频共振。当

① 《4 000 幅少儿艺术佳作亮相　杨浦滨江迎来上海规模最大的儿童画展》，人民网，http://sh.people.com.cn/n2/2021/0326/c134768-34643505.html，2021 年 3 月 26 日。

② 《数读上海“十三五”｜北外滩起势，老城区虹口如何实现“向上生长”?》，人民网，http://sh.people.com.cn/n2/2021/0302/c134768-3460 0611.html，2021 年 3 月 2 日。

下，通过开发文化产业新业态，扩展和放大多伦路文化名人街的旅游功能、休闲功能、文化功能，“海派文化，百年沧桑”正为城市精神增添着最亮眼的底色，向全球推介着上海崭新而闪亮的文化名片。

2021年，上海将着力打造高品质公共文化空间，扎实推动市级重大文化设施项目建设。中共一大纪念馆、中国近现代新闻出版博物馆、上海少年儿童图书馆新馆、上海图书馆东馆、上海博物馆东馆等将有序建成开放，这些重大文化设施将成为新的城市地标，打造对标国际一流的公共文化服务体系，教育、引导市民提高文化素养和文明素质，使市民体验公共文化、感受美好生活，创造安心、放心、开心、暖心、舒心的环境氛围。

四是敬畏善待城市生命体，努力让城市空间、自然与人文融合互动，把上海建设成为创新之城、生态之城、人文之城和社会主义现代化国际大都市，努力创造城市发展新奇迹。

滨水区往往是全球城市顶级功能的复合聚集带，是彰显城市文化的品牌窗口，是市民共享、活力开放的城市客厅，是高密度城市环境中凸显生态韧性、自然亲和的高敏感区域。多年来，上海重点关注滨水区功能转型提升、公共空间活力、文化风貌塑造和生态保护等规划系统框架的构建，并结合发展需求和地域特征，开展创新规划。①截至目前，上海47.7公里的滨江公共空间已经贯通开放，从

① 赵爽：《超大城市沿河地区规划编制方法研究——以上海市黄浦江、苏州河沿岸地区建设规划为例》，《城市研究》2020年第4期。

码头林立、江岸封闭，到还江于民、移步换景，“望得见江、触得到绿、品得到历史、享得到文化”，实现了“水、绿、城、人、文化”有机融合。在此基础上，上海正积极创建首个“世界会客厅”全域旅游特色示范区，将黄浦江两岸打造成为面向世界的“会客厅”，使之成为一条诠释城市魅力、讲述“上海故事”的“项链”。①

让城市空间更智慧，是人对未来有机城市生命体提出的更高要求。城市是复杂的，经济、社会、文化、生态等多重因素推动着城市空间的演化。但仍存在一种对待城市最合理的方式，乃至标准，能够引导城市的建设。习近平总书记指出“城市是人民的城市，人民城市为人民”，可见，人民性是城市的根本属性，即人应当是构筑城市生命体，实现城市空间、自然与人文融合互动的根本尺度。在城市物理空间设计和功能注入上，要充分适配各类人群在城市生活中的需求，在细节中提升人的体验度、满意度，激发个体的创造力；同时要坚持系统观念，将城市生产布局、生活环境、生态空间一体安排，交通设施、慢行系统、其他城市市政设施建设一体谋划，域内水、林、田、湖、园等一体保护利用，新城建设、老城更新一体推进，城市建设、城市治理一体展开。②智慧城市建设，小到绿化、座椅、灯杆、行道砖等诸多细节，以各类城市空间中必要的景观照明为例，从20世纪80年代末开始，上海开始规模化建设

① 何易、周辰：《上海启动创建“世界会客厅”全域旅游特色示范区》，文汇网，2020年7月29日。

② 《顶级规划专家面前，市委书记要表达什么》，人民网，http://sh.people.com.cn/n2/2021/0326/c134768-34643177.html，2021年3月26日。

景观照明，2017 年《上海市景观照明总体规划》公布实施，打破行政分区概念，以上海特有的人文、地域特色为基础，统筹夜景布局、亮度、色温、动态照明、彩光应用、光污染控制等涉及景观照明品质的全方位因素，推广应用节能光源和智能控制系统，勾画出“一城多星”的总体布局和“三带多点”夜景框架。①上海景观照明规划体系刷新了上海城市景观新面貌，灯光夜景织就的璀璨夜景如今已成为上海社会主义现代化国际大都市的美丽名片，吸引着海内外众多游客。

城市与人，是相互作用的。当一座城市温情地观照着人的昨天、今天与明天，人，自然也会赋予这座城市生长性。10 年前，上海世博会提出“城市，让生活更美好”的理念。10 年后，人们愈发坚信，城市是多方面休戚与共的存在。②如今，“上海 2035”对优化城市空间布局、严格控制城市规模、加强生态环境保护、创造优良人居环境、塑造城市特色风貌、保障城市安全运行、健全城市管理体制等方面提出了明确要求。未来，上海将继续贯彻“人民城市人民建，人民城市为人民”的重要指示，继续深入践行新发展理念，回应人民的新期待，着力提升城市功能，塑造特色风貌，改善环境质量，优化管理服务，打造文化地标更富魅力、城市空间更有活力、文化品牌更具世界影响力的机遇之城和人民向往的幸福家园；

---

① 《〈上海市景观照明总体规划〉公布实施：“夜上海”华灯璀璨，将有章可循》，http://app.myzaker.com/news/article.php? pk = 59f93c041bc8e0af7d00001b，2017 年 11 月 1 日。

② 《人民城市：让人民生活更美好》，《解放日报》2020 年 6 月 22 日。

继续当好全国改革开放排头兵、创新发展先行者，打造新时代都市发展新标杆，同时致力于描绘世界城市中最美丽的一幅画卷。

四、城市空间规划、建设与改造的上海特色

上海城市空间规划和建设在习近平总书记城市精神论述的引领下，扎实践行着上海精神，展现出上海的城市品格，其丰硕的成果显示出了上海特色，为其他城市空间规划提供借鉴和参考。

一是在上海城市空间规划、改造过程中彰显人民至上理念。上海城市空间规划、改造工作的开展始终围绕“人”这一主题，将以人民为中心的宗旨贯穿于城市公共空间建设改造的各个过程。习近平总书记指出：“要综合考虑城市功能定位、文化特色、建设管理等多种因素来制定规划。规划编制要接地气，可邀请被规划企事业单位、建设方、管理方参与其中，还应该邀请市民共同参与。”① 上海在城市空间规划工作开展之初就凝结全社会共识，组织广大人民群众广泛参与。一方面，全市各部门统一思想，以上级行政部门纲领性文件为基础，各条线群策群力、分工明确，充分发挥部门所掌握的资源优势，体现出上海城市管理水平；另一方面，对各上海城市空间建设、改造的实施主体开展充分调研、公开招募社会各界

---

① 《习近平2015年12月20日至21日在中央城市工作会议上的讲话》，学习强国，https://www.xuexi.cn/“习近平文汇”：VW001.039.20151221.001。

人民群众讨论、参与城市空间建设、改造工作。在具体的实践中，以务实的精神，细致入微地满足人民对于日益增长的对美好生活的需要。一方面，上海以全面的眼光，充分考虑人民群众对于城市空间的多样化需求，建设集可达性、人性化、多样性于一体的复合型城市空间，不断扩大城市公共空间面积，提高其开放程度，使公共空间覆盖率得到显著提升；另一方面，上海以历史的眼光，全方位关注上海市民生活方式的转变，使城市公共空间不断适应新时代下人民的交流方式、娱乐方式、健身方式，并结合智能技术为人民提供安全保障。

二是尊重科学，规划先行。习近平总书记指出，“考察一个城市首先看规划，规划科学是最大的效益”①，构建科学合理的空间规划体系是实现国土空间集约、高效、可持续利用的关键举措②，城市空间规划是城市公共空间建设改造贯彻落实习近平新时代新发展理念的重要一步。上海在城市空间规划设计中始终坚持尊重科学，规划先行，使城市空间建设、改造实践活动在合理、可行的规划指导下有效进行。上海在自身城市发展进程中不断探索适应国家政策和上海特点的城市空间规划体系，在使其符合上海地域空间特征的基础上依托“两级政府、三级管理”“三级政府、三级管理”的行政体制，形成层次分明的城市空间规划体系；在编制城市空间

① 《习近平心中的人民城市》，学习强国，https://www.xuexi.cn/lgpage/detail/index.html?id=10530622061803544579&item_id=10530622061803544579，2020年12月22日。

② 熊健、范宇、宋煜：《关于上海构建“两规融合”、“多规合一”空间规划体系的思考》，《城市规划学刊》2017年第3期。

建设规划时，上海力求做到完整评估规划客体的禀赋、基础、潜力、需求，充分结合城市交通、市政、空间专题研究，统筹各方资源，规划编制科学合理；城市空间建设规划编制完成后，上海着眼于规划实施，不断完善规划实施机制，条例清晰分解规划，建立规划任务清单，确保跟踪规划扎实推进。

三是注重保护历史资源，传承城市文脉，以文化驱动、展现上海城市的独特魅力。“城市是一个民族文化和情感记忆的载体，历史文化是城市魅力之关键。”①要让城市居民“记得住乡愁”，就需要将城市历史文化保护和开发放在城市空间规划、建设的重要位置。在城市空间规划、建设过程中，上海深入贯彻落实习近平总书记“保护好历史文化和城市风貌”②、“延续城市历史文脉”③ 的嘱托，使城市历史文化资源在新时代焕发生机，让城市文脉在城市发展的动态过程中得以延续、生发。一方面，对于上海城市空间中存在的历史文化遗产进行充分挖掘保护；另一方面，在建设改造中“强调多元化历史阐述”，以整体性、开放性的思想对不同种类历史文化遗产进行修缮、设计。同时，上海注重以文化为关键驱动力对城市历史文化资源进行建设改造。一方面，将公共文化服务渗透到

---

① 《坚定文化自信，建设社会主义文化强国》，学习强国，https://www.xuexi.cn/lgpage/detail/index.html?id=16989271376662118629，2019 年 6 月 15 日。

② 《习近平主持召开扎实推进长三角一体化发展座谈会并发表重要讲话》，学习强国，https://www.xuexi.cn/lgpage/detail/index.html?id=1199883745500655839&item_id=1199883745500655839，2020 年 8 月 22 日。

③ 《习近平 2015 年 12 月 20 日在中央城市工作会议上的讲话》，学习强国，https://www.xuexi.cn/ “习近平文汇”：VW001.007.20191103.001。

城市公共空间之中，融合、打造一大批具有上海特色、时代特色的公共文化项目以及公共文化设施，满足人民群众的精神文化需要；另一方面，在城市公共空间之中，通过规划、政策、活动吸引相关文化产业主体的汇聚，以多要素的复合提升打造城市公共空间自我适应能力，使城市公共空间建设改造与文化产业发展形成良性互动，增强城市公共空间文化活力，丰富城市公共空间文化价值；另外，注重文化创意在城市功能定位、重塑、升级等领域的独特作用与未来价值，将创意元素融入园区、社区、街区的有机融合探索，将“以人为本”的理念注入城市更新全过程，与文化环境融合共生，激发新时期都市文化创造活力。

四是坚守绿色发展底线，以生态环境带来发展优势。上海作为一座特大型城市，人口众多，环境承载能力有限，故而在城市建设过程中需要始终贯彻绿色环保的发展理念，坚守生态保护底线，不断推进城市生态文明建设。城市公共空间是展现一座城市建设生态文明的重要载体，是城市生态文明程度的重要体现，上海在城市空间规划、建设过程中始终坚持在以习近平同志为核心的党中央领导下“合理安排生产、生活、生态空间，走内涵式、集约型、绿色化的高质量发展路子”，扎实做到生产、生活、生态的协调和可持续发展。一方面，大力整治城市公共空间中对于生态环境造成消极影响的生活、生产行为，运用智能化手段对环境进行动态监测，保护、维持好城市公共空间的生态环境；另一方面，在保护、维持好生态环境的基础上，以科学的规划、创新的理念对生态环境进行积极改造，打造绿色、健康、优美的城市空间，让百姓在城市中安心、舒心，满足市民在生产、生活中对美好环境的需要，并使良好的公共空间环境成为吸引多方要素聚集的优势所在。

在习近平总书记关于城市精神重要论述的指引下，上海城市空间规划和建设立足于上海实际，在维护人民群众根本利益的道路上不断探索实践，弘扬了上海城市精神，彰显出上海城市品格。在规划层面，上海一方面汇集民智，倾听百姓诉求，以人民美好生活需求为根本价值导向，另一方面广泛吸纳世界范围内城市公共空间建设改造的先进理念与实践经验，成为上海城市精神海纳百川、开明睿智的生动体现。在具体实践中，上海勇于创新方式方法，综合利用海内外优质资源，使上海城市公共空间建设改造紧扣时代脉搏，展现出新时代社会主义现代化大都市的应有样貌，使身处上海的人民群众在生产、生活中持续感受到上海开放、创新、包容的城市品格。上海城市公共空间经过一轮接一轮的规划、建设、改造，正不断迸发出推动城市发展的内生动力，助力上海加速成为更具活力、更富魅力、更可持续的和令人向往的创新之城、人文之城、生态之城。①

---

① 上海市人民政府：《上海市城市总体规划（2017—2035 年）》，http://ghzyj.sh.gov.cn/cmsres/1c/1c3ad7e8ebf5486c898c02f06616fb8c/1bc3674ead17e0e475c5f1a3b5982ead.pdf，2018 年 1 月。

第四章　上海社区治理实践中的精神品质

社区治理（community governance）是指在法制化、规范化的前提下，由政府行政组织、社区党组织、社区自治组织、社区非营利组织、辖区单位以及社区居民等多元主体共同管理社区公共事务的活动。①

2013 年 11 月，党的十八届三中全会指出“全面深化改革的总目标是完善和发展中国特色社会主义制度，推进国家治理体系和治理能力现代化”，首次将“社会管理”改为“社会治理”。党的十八届五中全会指出“构建全民共建共享的社会治理格局”是党在全面深化改革背景下的一项重要战略任务。《中共中央关于制定国民经济和社会发展第十三个五年规划的建议》进一步认为，加强和创新社会治理是加强和改善党的领导，实现“十三五”规划提供坚强保证的重要抓手。2017 年 6 月，中共中央、国务院下发《中共中央 国务院关于加强和完善城乡社区治理的意见》中提出，到 2020 年，基本形成基层党组织领导、基层政府主导的多方参与、共同治理的

① 参见郭小健主编：《社区治理》，西南交通大学出版社 2018 年版，第 16 页。

城乡社区治理体系，城乡社区治理体制更加完善，城乡社区治理能力显著提升，城乡社区公共服务、公共管理、公共安全得到有效保障。2017 年 10 月，党的十九大又指出“打造共建共治共享的社会治理格局”“完善党委领导、政府负责、社会协同、公众参与、法治保障的社会治理体制，提高社会治理社会化、法治化、智能化、专业化水平”，首次明确推动社会治理中心向基层下移。

近年来，上海在创新和突破既有社区治理模式的基础上，以习近平总书记关于上海城市治理的重要论述为指导，切实加快推进上海社区治理和建设，总结工作经验，积极探索超大城市社区治理新模式。

一、上海创新社会治理模式、加强基层建设的历程

新中国成立后至今，上海社区改革历程几经变迁，在 1996 年基层社会体制改革之前可以大致分为三个阶段。1983 年之前为第一阶段，上海实行计划经济体制背景下高度集中的城市管理模式。其主要特点是政企不分，政府职能定位不清，政府直接管理生产，条块分割层次混乱，市级机构队伍庞大，区县力量薄弱。1984—1986 年为第二阶段，上海提出“事权下放、分权明责”，开始实行管理中心下移，这也是上海城市经济体制改革的起步。但作为计划经济的重镇，单位体制仍在当时的公共服务和管理领域发挥重要作用，社区建设的任务落在街道层面，主要是老、弱、病、残、无业

人员社会保障问题以及回城青年安置问题。在街道政府人员和财力极其有限的情况下，上海的社区治理模式在初期强调“放权”到居委会，有效解决了社区建设初期资源不足的问题，但同时也产生了大量违章搭建、破坏环境的问题，给城市治理带来风险。1987—1995 年为第三阶段，上海提出以效率为核心的“两级管理”构想，明确市、区分工，下放部分事权和业务审批权，市级部门重规划，区级部门重建设和管理。这个时期的权力构成对城市公共服务进行了总体性规划，规模化供应成为社区治理的核心目标。这个阶段，基层治理面临的最大问题变成了“流动社会”的管理、城市功能格局的划分调整和公共服务的强化。

由于改革开放以来经济发展后积聚的社会转型压力，包括城市化进程加速、人口规模扩张、计划体制下的“单位人”开始向“社会人”过渡、开放和旧城改造带来大量人口流动、基层管理资源和人力不足等问题开始困扰上海市政府。20 世纪 90 年代中期，上海进行了一次“加强社区管理和基层政权建设”调研，调研为 1996 年的体制改革提供了基础和依据。1996 年，以城区工作会议的召开为标志，上海推出力度空前的基层社会体制改革，从此正式形成了“两级政府，三级管理”的新体制。1997—2014 年，上海主要通过四种路径对该体制进行调整优化。一是以党建调整体制，突出社区党建，以区域化党建的思路，以社区党工委为主体对条块关系、街居关系和政社关系进行整合，党建引领自治共治的格局逐渐形成。二是以机制优化体制，依托技术化手段，通过管理运作机制创新进一步理顺条块关系，主要表现为网格化管理和大联动工作。三是街道职能与组织结构的调整探索，逐步强化街道公共服务与管理职能，并试点开展旨在优化街道内部组织结构的大部制改革。四是推动居民自治与发展社会组织，积极促进社会化机制的发展，鼓励社会力量参与社区建设与基层治理。

随着上海城市化建设进程的不断加速，人口规模激增，社会结构变化，原有的社区治理体制机制与城市规模和市民的实际诉求不相适应。在此背景下，2014 年，上海市委市政府组织开展了以“创新社会治理，加强基层建设”为主要内容的“一号课题”调研工作，并于次年发布《关于进一步创新社会治理加强基层建设的意见》和 6 个配套文件（简称“1 + 6”文件）。2014 年 3 月 5 日，习近平总书记在十二届全国人大二次会议上海代表团全团审议中，专门肯定上海市委将“创新社会治理、加强基层建设”列为“一号课题”的现实意义。他指出，社会治理“核心是人、重心在城乡社区、关键在体制机制创新”，要更加注重系统治理、依法治理、综合治理、源头治理。

2015 年，“1 + 6”文件作为市委一号课题的成果正式发布。“6”是指涉及街道办事处体制改革、居民区治理体系完善、村级治理体系完善、网格化管理、社会力量参与、社区工作者管理的 6 个配套文件。在这一轮基层体制改革的底层逻辑中，居于首位的是党建引领。党的领导，是创新社会治理和加强基层建设必须贯穿的一条红线。解决基层社会治理问题，亦是完善党的领导体制和执政方式的重要内容。2014 年“一号课题”中的多项改革内容，均旨在提升党的执政能力和领导作用，比如再次明确“街道党工委”的名称和身份，确立以街道党工委为领导的一整套区域化党建体制；在队伍建设方面，着重强调村、居党组织带头人建设，包括明确在职村、居党组织书记在任满两届后可转事业编制，退休享受事业待遇。其次，在党建引领的前提下，提出基层治理应体现“重心下移”“权力下沉”“权责一致”“赋权到位”。街道机构改革和以“六中心”为代表的窗口建设，均明确“对下（群众）负责”的导向。街道工作经费则明确由区财政足额保障。针对城市综合治理难题的网格化模式，以及大镇、大居的公共服务和管理资源配给，“1+6”文件亦有明确的“赋权”表述。而在村居层面，自治和共治体系亦在相当程度上予以理顺，并明确了上级政府对村、居委会的工作经费保障底数。①

回顾上海基层社会体制改革20年来的历程，最基本的经验是形成了以“党建引领”社区治理的上海经验。上海以“党建引领”为中心，在社区管理、社区服务、社区资源整合、基层群众自治等层面形成了政府、政党、社会等多元力量合作治理的体系。其中，政府在社区治理中的角色主要体现为权力下沉与开放式平台构建。社区作为生活共同体领域形成以后，为了应对区域治理的难题，上海市于2003年6月开始提出社区治理网格化的治理转型策略，并于2004年后逐步推行。社区治理网格化主要是解决在“两级政府、三级管理”的行政治理体系下，社区治理的行政力量无法有效下沉

① 郑晓华编：《中国公共治理实践案例：政府、社会与市场》，上海交通大学出版社2018年版。

到基层的问题。主要做法是在街道区域下，将整个街道划分为若干片区，也叫社区治理网格。在社区综合治理网格化的基础上，上海在街道建立基本公共服务的窗口和平台，形成了以“五个中心”为内容的社区公共服务体系。社区治理中政党的角色在于形成以“区域化”为核心的治理体系。由于街道作为一级准政府地位的强化，街道党工委也因此成为具有更强势地位和更丰富资源的一级党委，由此形成了推动社区治理的“党建引领”经验。在推动社区层面的协商共治方面，上海一直强调党组织的中心作用，由街道党工委承担起协调和推动社会各方力量参与社区治理的核心作用。为了在实际工作中落实社区治理的多元共治，党组织以党建工作为引领进行了不同方式的创新和探索以推进社区治理。以居委会为主体的协商自治平台是社会治理的基层角色。上海的社区建设是在不改变原有“街—居”体制上推进的。从这一意义上说，居委会构成了社区治理的基层角色。在社区居委会的层面，形成了共治体系、行政体系和党组织体系三个层面交叉融合的治理体系。为了进一步解决城市社区治理体系中的问题，构建更完善的社区治理体系，“党建引领”的社区治理经验也在不断地探索和改革，例如上海在2014年推动社区建设的“1+6”改革，推动社区管理向社区居委会下移，包括重组街道行政体系，明确街道的社区治理功能，促进管理资源下移，加强社区居委会的工作力量等等。但是，“党建引领”的社会治理模式在基层动员、广泛参与和多元共治方面等多个方面需要进一步拓展。

二、党的十九大以来上海创新基层社区治理建设新进展

党的十九大报告明确，“打造共建共治共享的社会治理格局”，提高“社会化、法治化、智能化、专业化”水平，“推动社会治理重心向基层下移”。习近平总书记连续五年参加全国人大上海代表团审议，希望上海走出一条符合超大城市特点和规律的社会治理新路子。上海的城市治理，始终坚持以人民为中心的发展思想，在党建引领之下，实现党建网、区域网、共治网、智能网相互贯通的“四网合一”，为全面提升城市发展能级提供新动能，从而实现城市的人民共建、共治、共享。

一是将党建引领基层治理作为重要抓手。2019 年 5 月，中共中央办公厅印发《关于加强和改进城市基层党的建设工作的意见》，为新时期城市基层党建创新发展提供了遵循。“党建工作的难点在基层，亮点也在基层。”牢记总书记的嘱托，上海始终把加强城市基层党建作为贯穿社会治理的一条红线，把绣花一样精准精细的工作要求落实到基层党建的各个层面，着力于强化街道社区党组织领导作用，让党建引领基层治理成为重要抓手。明确街道党组织抓党建、抓治理、抓服务的主责主业，赋予其相应职责职权，整合职能统筹设立内设机构，加强对社区党组织的工作支持和资源保障。上海市委制定了《以组织体系建设为重点推进新时代基层党建高质量创新发展的意见》，完善城市基层党建工作格局。强化系统建设和整体建设，推进街道社区党建、单位党建、行业党建互联互动，条

条和块块双向用力，形成区域统筹、条块协同、上下联动、共建共享的城市基层党建工作新格局。

2018年8月，上海市虹口区共建成市民驿站35个，根据群众需求，每个街道设置3—6个驿站，平均每个驿站覆盖0.67平方公里，服务2.3万人。2018年11月6日，习近平总书记来到虹口区市民驿站嘉兴路街道第一分站考察，并叮嘱干部，加强社区治理，既要发挥基层党组织的领导作用，也要发挥居民自治功能，把社区居民积极性、主动性调动起来，做到人人参与、人人负责、人人奉献、人人共享。2019年，该市民驿站事务受理服务内容进一步拓展，咨询事项由原来的169项调整至188项，当场办结事项也由7类38项增至9类50项。“家门口服务站”“睦邻家园”“邻里中心”等类似的平台载体在上海遍地开花，编织成一个个“15分钟党建服务圈”。

基层党建各种创新举措层出不穷。“滨江党建”就是一个创新案例。在黄浦区，区委组织部在8.3公里滨江岸线率先贯通后，探索形成了“党委领导、地区统筹、群团助力、社会参与”的滨江党建模式。健全工作机制。黄浦区委组织部统筹协调全区10个街道两两结对，形成世界之窗、创意水岸、文博滨水、生活港湾、红色之源五个滨江党建片区。每年召开滨江党建工作推进会，积极排摸党建联建资源和“双向认领”项目，整合驻区单位资源和区域内各类服务力量，实现党建资源“相邻互补、共同参与、集中配送”。针对滨江沿线驻区单位多、人员流动性大、群众需求多样等特点，黄浦区委组织部从硬件入手大力提升党群服务水平。依托外滩旅游服务中心、世博会博物馆、老码头创意产业园区和白领聚集大楼等现有设施，采取独立式、嵌入式、融合式等方式，布局 8 个滨江党建（群团）服务站点，每个站点服务半径 0.5 公里，因地制宜打造珠链式分布、属地化管理、标准化设置的滨江党建服务体系。①在虹桥商务区、机场等跨行政边界的新区域，“空港社区党建”打造区域治理共同体。在长三角一体化的新舞台上，“毗邻党建”拓展出“心联鑫党建”“同圈党建”“G60 科创走廊党建”“环湖党建”等一批富有地域特色的创新载体，为落实国家战略提供坚强组织保证。②

二是多元参与，不断完善社区治理新格局。2017 年 4 月印发的《中共中央国务院关于加强和完善城乡社区治理的意见》，明确了今后一个时期我国推进城乡社区治理的总体方向。由此，一个市、区、街镇、居村四级纵向贯通、部门横向协同、政社互联互动的社会治理格局在上海逐步形成；一套党建引领下重心下移、服务靠前、做实基层力量、强化信息支撑、加强法治保障的城乡社区治理体系逐步建立。上海社区治理始终紧紧围绕保障和改善民生这条主线，努力在“最后一公里”做实服务，不断增强群众获得感。上海还相继出台了街道办事处条例、居委会工作条例、村委会组织法实施办法三部地方性法规，标志着上海基层治理的法治保障体系初步形成，确保基层治理在法治轨道上健康运行。2020 年 6 月 17 日，上海召开社区工作会议，市委书记李强在会上强调，要增强社会多

① 《上海破解基层难题有妙招》，澎湃新闻，2018 年 12 月 12 日。

② 《上海高质量党建：步伐坚定，行稳致远》，上观新闻，2019 年 11 月 5 日。

元参与的广泛性、有效性、专业性。充分调动群众积极性，健全自下而上的自治议题形成机制，围绕群众真实需求开展工作。探索志愿者分类管理，引导社会组织在社区治理不同领域深耕细作，在专业化服务中成长发展。要立足当前、着眼长远，扬优势、补短板，做好社区治理的“加、减、乘、除”法，把社区这个重要基石筑得更牢。提升社区治理规范化精细化水平，全力以赴把人民群众安居乐业的家园建设好，让生活在这座城市的人们更加安心、舒心、暖心。①

三是运用互联网、大数据等信息技术手段，提高城市科学化、精细化、智能化管理水平。2019 年 7 月，上海市成立智慧城市建设领导小组。静安区是上海智慧城市建设更高效、更精细、更智能的一个缩影。静安区“151 项目”致力于打造“物联感知城市、数联驱动服务、智联引领决策”的新型城市管理模式，以数据汇聚和共享为途径，构建起城市管理“数据湖”网络，在交通、健康医疗、健康食安、环保、城市公共设施五大领域形成大数据创新应用，同时建立了一家综合运营城市数据的城市智能运营管理中心，最终形成“151”的大数据与城市管理建设模式，解决上海城市管理中的民生热点、政府痛点、管理难点。2019 年 11 月 19 日，在西班牙巴塞罗那举办的 2019 全球智慧城市大会上，该项目获得全球智慧城市大会中国赛区“城市精细化治理奖”,②代表着中国新型智慧城市

---

① 《这场直接面向基层居村的万人大会上，李强要求做好社区治理的“加、减、乘、除”》，文汇网，2020 年 6 月 17 日。

② 《全球智慧城市大会静安获奖，上海城市精细化治理获国际认可》，澎湃新闻，2019 年 11 月 20 日。

建设水平已被国际认可。2019 年年底，为了利用数据推动智能化和社区治理融合，上海研发的“社区云”上线。在“社区治理”平台上，依托于市级数据库，社区内的房屋、组织机构、居民人口等信息一目了然，居委干部可以真正实现“一屏观社区”。在“居社互动”平台上，居民除了随时随地在线获取社区信息、解决身边事，还可以通过平台的“议事厅”功能参与社区建设，为小区发展建言献策。2020 年 9 月，上海市城市运行管理中心指挥大厅正式启用，通过数据归集和统一调度指挥，48 个部门的 179 个系统、710 个应用对城市运行管理实时数据交换、分析和形成闭环处置。①形同城市大脑的各级城市运行中心以及各类智能化手段，正推动城市治理由人力密集型向人机交互型转变，由经验判断型向数据分析型转变，由被动处置型向主动发现型转变，从而实现城市治理的民心导向。

四是实行参与式社区规划，落实基层民主自治。2020 年 8 月 24 日，习近平总书记在经济社会领域专家座谈会上讲话指出：“一个现代化的社会，应该既充满活力又拥有良好秩序，呈现出活力和秩序有机统一。要完善共建共治共享的社会治理制度，实现政府治理同社会调节、居民自治良性互动，建设人人有责、人人尽责、人人享有的社会治理共同体。要加强和创新基层社会治理，使每个社会细胞都健康活跃，将矛盾纠纷化解在基层，将和谐

① 《习近平总书记考察一年来：“特上加特”之年，上海的“变与不变”》，澎湃新闻，2020 年 11 月 11 日。

稳定创建在基层。要更加注重维护社会公平正义，促进人的全面发展和社会全面进步。”①上海正在从大一统的宏观规划，向小而精的社区“微更新”转变。社区“微更新”的全过程倡导多方参与，让居民与专家一起参与提出需求、设计方案、实施项目和后续管理的整个过程，培育居民自治力量，激发社区内生活力。2020 年 11 月 10 日，上海市民政局制定《关于落实“人民城市”理念加强参与式社区规划的指导意见》，要求以共同参与、共同治理社区美好家园为引领，以“参与式社区规划”为着力点，统筹社区规划师专业力量和社区自治共治力量，推进社区空间治理，打造共建共治共享的社区生活共同体，切实提升居民群众参与感、获得感。有效融合社区规划与社区自治共治，推动社区各类主体自动自发参与社区环境改造和空间治理，切实改善社区公共环境，提升居住品质。鼓励居民群众在共同解决社区问题过程中，内化契约意识、规则理念，涵养社区公共精神，建立社区公共秩序。推动各类主体在积极行动、共同建设的过程中，切实增强社区共同体意识和家园情怀。

2015 年，全国人大常委会法工委在上海市长宁区虹桥街道古北市民中心设立基层立法联系点，开通了社情民意的“直通车”，打造一个可以倾听、放大群众声音的“传声筒”。通过一系列程序设计，这趟“立法直通车”可以汇集民意、集中民智，让法律法规

① 《习近平 2020 年 8 月 24 日在经济社会领域专家座谈会上的讲话》，学习强国，https://www.xuexi.cn/“习近平文汇”：VW001.020.20200824.002。

从基层来、再回到基层去，是保证人民当家作主的有效方式和途径。截至2019年底，1 800余人次先后参与立法意见征询，同时，中心还设立了以12名中外居民为主的古北市民议事厅，探索建立社区相关主体和全体居民共同参与的社区共治格局。2019年11月2日，习近平总书记考察长宁区虹桥街道古北市民中心社区治理和服务情况，认真听取社区开通社情民意直通车、服务基层群众参与立法工作等情况介绍，并同正在参加立法意见征询的社区居民代表亲切交流。他强调，这里是全国人大常委会建立的基层立法联系点，社区居民立足社区实际，认真扎实开展工作，做了很多接地气、聚民智的有益探索。人民代表大会制度是我国的根本政治制度，要坚持好、巩固好、发展好，畅通民意反映渠道，丰富民主形式。①

五是加快旧区改造和城市有机更新。旧区改造曾被称作“天下第一难”。上海切实贯彻习总书记“人民城市人民建”的指示精神，从“拆改留”到“留改拆”，在历史风貌保护和城市更新实践中走出了一条新路，通过民生改造、征而不拆、协议置换等多种方式，妥善处理历史风貌保护和市民居住条件改善间的矛盾。上海城市发展从“增量扩张”时代逐渐步入“存量微调”时代，城市更新推进模式也逐渐从专注于“城”转变为“城”与“市”并举，即兼顾城市风貌保护性开发以及产业结构引导调整。2020年7月13日，作

① 《习近平在上海考察时强调：深入学习贯彻党的十九届四中全会精神，提高社会主义现代化国际大都市治理能力和水平》，新华网，2019年11月3日。

为上海市加快旧区改造和城市有机更新的重大创新举措，上海市城市更新中心揭牌成立，担负着创新旧改机制、推进旧改工作的历史使命。2020 年 10 月 26 日，位于虹口北外滩地区的东余杭路（一期）旧区改造项目签约率达 98.69%，宣告正式生效。这个“十三五”期间规模最大的旧改地块，通过六个街坊打包的方式推进，合并审批操作流程，大大缩短了时间，仅用 3 个月就完成工作任务，这背后正是机制创新之功。黄浦区宝兴里是诞生了新中国成立后上海首个居委会的居民区，以党建为引领，各级党员干部破瓶颈、推进度，解百姓急难愁盼。市委书记李强将其作为“四史”学习教育基层联系点，组织有关部门针对资金筹措、开发权转移、拆留关系、地块功能开发等，一项一项研究办法，一个一个解决症结，同样跑出了旧改“加速度”。①

六是针对疫情突发事件，利用“两张网”高效汇集社区数据信息。2020 年初新冠肺炎疫情的突袭，让上海城市治理和基层社区治理经历了一次实战考验下的跨越。牢牢牵住政务服务“一网通办”和城市运行“一网统管”这两个城市治理的“牛鼻子”，聚焦“高效办成一件事”和“高效处置一件事”，上海在前期改革实践基础上，进一步提升了超大城市的治理能力和治理水平。随着疫情在全球蔓延，“外防输入、内防反弹”尤为重要。在城市运行“一网统管”的架构下，上海依托城运系统，将与入境人员有关的公安数

① 《习近平总书记考察一年来：“特上加特”之年，上海的“变与不变”》，澎湃新闻，2020 年 11 月 11 日。

据、政府数据、社会数据、企业数据、感知数据源源不断地汇聚，通过“疫情防控关注人员落脚点研判”“密切接触者发现”等数据模型运算，精确查找境外来沪人员落脚点、还原活动轨迹，及时推送卫健等部门开展处置工作，打造了一条由“入境转运”到“落地管控”的闭环之路。疫情发生以来，公安、卫健、机场、铁路、运营商、互联网公司等单位开展数据对接，汇聚涉疫人员信息、手机号码、出行、住宿、快递物流、发热门诊、购买退热药品、感知端等 20 类 1.2 亿条网上网下与疫情防控相关的数据资源。2020 年 2 月上线的“一网统管”防疫专页，集合多部门数据，连接市、区、街道三级网络，实行精细化管理，助力企业复工复产。在首个试点“一网统管”防疫专页的江苏路街道城运中心，社区工作人员只需通过政务微信 App 输入相关信息，后台就会实时反映到“一网统管”大屏。防疫专页上，主要有疫情发展、实时播报、区域地图和重要点位、重要工作模块四个部分，包括一个小区的居家观察人数、健康状况、重点地区来沪人数、小区封闭状况、卫生消毒状况等数据。无微不至的高效感知，让社区疫情突发事件第一时间报警，应急预案第一时间启动，资源物资第一时间调配，指挥联动第一时间响应。“一网统管”通过更广泛的数据联通、更尖端的智能应用，让城市管理这张“网”更敏锐、更智能、更高效，也让城市生活更便捷、更有序、更安全。①

---

① 《“两张网”提升上海城市治理能力》，《解放日报》2020 年 4 月 13 日。

三、超大城市社区治理的“上海模式”

超大型城市社区治理的“上海模式”的实践特色包括以下四点：

一是强调“以党建调整体制”。上海的社区治理一贯强调“以党建调整体制”，在每个历史阶段都走在全国的前列，受到中央的肯定。在起步探索阶段，中共中央组织部曾在上海召开全国街道社区党建工作座谈会，总结推广上海经验；在重点突破阶段，中共中央组织部向全国印发《关于上海市社区党的建设工作的调研报告》，要求各地结合实际，学习借鉴上海经验；在深化内涵阶段，全国党建研究会在上海召开区域性党建工作平台专题研讨会，高度评价上海社区党员服务中心及其五大功能；在创新调整阶段，民政部在上海召开全国城乡社区治理创新现场会，高度肯定上海坚持党建引领，把党的建设贯穿于基层社会治理的各方面、全过程。近年来，上海市深入推进城市基层管理体制机制创新、组织设置创新、方式方法创新，充分发挥了基层党组织在城市基层治理中的领导核心作用，调动业委会、驻区单位、社会组织的积极性，激发居民的参与热情、共建热情和管理热情，形成了居民深度参与社区治理的局面。首先构建了城市基层党建“三级组织 + 居民”联动体系。发挥街道党工委的“龙头”作用、基层党组织的“战斗堡垒”作用，以上带下、以下促上，实现了城市基层党建系统上下贯通、左右联动。其次是拓展党建区域化，单位党建、行业党建、区域党建互联互补互动。深化“支部建在楼上”，织密党的组织网络，落实“双报到”“双报告”制度，把区域内关系互不隶属、层级高低不同、领域多元多样的各类党组织连接起来、统领起来，实现了组织融合、感情契合、资源整合。第三是把管理和服务力量放到基层，推动重心下移、夯实基层基础。调整优化街道内设机构，按照“6+2”模式设置。完善“1+2”社区党建体制，推动街道把工作重心转移到抓基层党建上来，转移到公共服务、公共管理、公共安全等工作上来，转移到为经济发展提供良好的公共环境上来，社区居民满意度和获得感大幅提升。

二是探索推进社区精细化管理。城市精细化管理水平是衡量城市治理质量和效能的重要标志。2017 年，习近平总书记提出，“城市管理应该像绣花一样精细”。纽约、伦敦、东京等全球城市的实践经验表明，追求精细、精准、精致的精细化管理模式，正在成为全球城市治理的一种新范式。精细化意味着不断完善、精益求精，也体现了灵活适应的价值追求，力求使城市治理在原有基础上不断改进、提升和优化；彰显了城市治理以服务而非管控、以居民需求而非行政意志为导向的价值内涵。以上海杨浦区控江路街道社区精细化管理为例，为提升社区治理精细化水平，以智能化为牵引，实施“神经元系统、社区大脑、流程再造”三大工程，探索以智能化、市场化、协同化、标准化为支撑的社区治理精细化模式，具有快速发现、有效处置、精准考核的效果。首先是以问题为导向，按照街道主导、条线融入建设“神经元”；其次是以大数据、人工智能为依托，建设自动研判、自动处置的“社区大脑”；再次是以效果导向和责任制落实为重点，推动“流程再造”。该案例的经验启示在于，社区精细化管理上应强调以“块”为主、“条线”融入，打破“信息孤岛”和“数据烟囱”，探索出一条超大城市信息化建设新路；坚持流程再造、制度创新，以智能化为牵引，推动上海基层社会治理体制机制改革的再深化；依托市场运作、多方协同，以PPP模式解决上海城市精细化智能化管理的活力和效率问题；注重标准统一、系统集成，可复制、可推广，打造以“神经元系统”和“城市大脑”为标志的超大城市精细化智能化管理的“上海模式”。①

三是注重社会协同、自治共治。以往强调“上海模式”的政府主导或行政推动，潜台词是居民自治或自发性不强。这种理解同样存在问题，没有正确认识上海社区治理实践中日益成长和发展起来的社会力量。上海也对街居制的过度行政化进行了反思，并推动居民自治和街居关系的调整、发展社会组织与政社关系的调整，比如实行居委直选、议行分设、三会制度、自治家园等推动居民自治上所采取的举措，以及实行联席会议、双向兼职、三社联动、自治基金等在推动社区共治上所进行的探索。上海还聚焦于探索社会组织参与社区服务和社区建设，解放民间组织参与社区服务的体制性束缚，规范群众活动团队备案并发挥其在社区建设中的作用，创建公益服务招投标和社会组织孵化园工作品牌，创立全国首家社区基金会，积累了许多可推广复制的经验。所有这些都表明，“上海模式”

① 张锋：《以智能化助推城市社区治理精细化研究——基于上海杨浦区控江路街道的实证分析》，《城市发展研究》2019年第3期。

除了强调党建引领、政府主导，也注重社会协同、自治共治。

四是问题导向、务实创新。“上海模式”另一个重要的特点，是问题导向、务实创新，即在解决问题的过程中形成创新性的制度和理论。这是上海之所以能在社区治理领域始终领先全国的原因所在。对快速城市化过程中造成的郊区行政管理“乡镇不能管居、街居不能管村”的城乡分治困境，上海自下而上创造性地探索建立了镇管社区体制，并将它应用于后来出现的“大镇”“大居”这些中国特有的城市化社区类型。面对国有企业减员增效、社区工作急缺人才的双重困境，上海自上而下创造性地组建锻造了“企业转岗干部”，当这批干部面临退休之际，“宝钢干部”又再次登上社区舞台。这些实践创新都是上海为全球城市社区治理理论所提供的“中国经验”。“上海模式”其实就是比较好地在社区层面上不断完善党的十八大以来提出的“党委领导、政府负责、社会协同、公众参与、法治保障的社会治理体制”。2017 年年底，民政部在上海举行的全国城乡治理创新现场会上指出，一个市、区、街镇、居村四级纵向贯通、部门横向协同、政社互联互动的社会治理格局在上海逐步形成，一套党建引领下重心下移、服务靠前、做实基层力量、强化信息支撑、加强法治保障的城乡社区治理体系逐步建立。

五是智能化、数字化转型走在全国前列。2019 年 11 月，习近平总书记在上海考察时，曾特地点名“两张网”——政务服务一网通办、城市运行一网统管，将之称为城市治理的“牛鼻子”。抓“牛鼻子”，是提升城市治理现代化水平的重要路径。2020 年，随着史无前例的新冠肺炎疫情暴发，一场对城市治理能力的大考同步启动。随着防控压力层层下压，强化基层社区的公卫基础设施成为战“疫”的关键一环。疫情发生后不到两个月，上海构筑起了一张密布全市的多点触发网络，环环相扣的流程形成监管闭环。整座超大城市的治理体系与能力，都在一种系统化、智能化、制度化的思路下逐渐提升。2020年年底，上海公布《关于全面推进上海城市数字化转型的意见》，强调要加快打造具有世界影响力的国际数字之都，加快发展在线新经济，加快建设国际数据港，加快建设面向人人的优质数字教育资源库，提升互联网医院、远程医疗、智慧养老等服务能力。继续深化“一网通办”，实现公共服务事项接入基本覆盖、高频事项“一件事一次办”基本覆盖。深化“一网统管”，推出一批新的应用场景。①上海在城市治理智能化，推动城市数字化转型的方向上，始终走在全国前列。

四、上海持续推进社区治理的前景展望

与其他全球超大城市相比，上海在探索超大城市社区治理创新模式的同时，也暴露出一些问题和薄弱环节，主要表现为城市治理法规体系不够健全，治理政策内容的精准化、细致化不足，多元协

① 《全面推进数字化转型！今年首个工作日上海发布〈意见〉》，澎湃新闻，2021年1月4日。

同治理机制有待建立等。

城市社区治理法规体系不够健全。地方法规体系的建立和完善需要解决国家法律实施过程中的“最后一公里”问题，目前上海城市和社区治理的地方立法滞后、专项法规缺乏的问题仍较为突出，部分地方性法规互不联系，缺乏较强的完整性和内在逻辑性。例如《上海市绿化管理条例》第十五条中，对建设项目绿地项目中配套绿化比例以及相应的处罚措施的规定，与《上海市城乡规划条例》的内容存在矛盾。提高超大城市精细化管理水平，需要建立完善细致的法规体系，细化和完善国家层面在城市管理领域的法律内容，形成具有上海特色、能够满足全球城市发展目标和治理要求的城市治理地方法规体系。

治理政策内容的精准化、细致化不足。国外全球城市政策中，借助日趋完善的大数据、互联网等技术，为近期建设重点和大事件制定了全面、细致和定量的目标体系，以详细的规划指标分解和落实长远战略，从而促进规划的有序实施。而上海在城市治理政策制定中，仍缺乏对不同区域的微观空间单位中各类服务需求的及时准确把握，对设施建设使用状况的动态评估和及时反馈有所不足，因此政策目标制定的精准性、细致化和层次性仍有待提高。例如作为城市公共空间设计的指导性政策，上海市近年来出台的《街道设计导则》具有较强的技术指导作用，但缺乏具有可操作性的实施程序，难以落地，从而导致其政策调控和规制作用难以有效发挥。结合目前上海公共服务和城市建设各项政策制定和实施中的共性问题，实现城市精细化治理目标的重要条件，取决于政策单元和政策手段的细化，以及基础信息和决策支持系统等基础条件的完善和技术工具的建设。

多元协同治理机制有待建立。有效的多元协同治理机制有助于推动服务型政府的职能转型，提高城市治理的回应性和协同性，是提高城市精细化管理水平的重要条件之一。上海虽然在社区治理中，对社区共治的有效模式进行了长期的探索性实践，但是，政府、企业、社区的多元协同治理机制尚未形成，城市治理中的社会参与和自治能力尚未得到有效的扶植和培育，依靠行政力量强势推进的治理惯性方式仍居主导地位。加强城市的精细化管理，迫切需要建立政府、市民、企业、社区多元主体共同参与的协同治理机制。从目前的现实状况出发，迫切需要从楼道环境、小区绿化、垃圾分类、停车问题、违章搭建、群租房、“居改非”等与市民生活与服务需求密切相关的社区公共事务入手，从加强服务供给的需求导向、加强治理回应性等方面入手，积极推动居民与社区的有效参与，进而大力推动自下而上的政策议题形成机制的建立。另一方面，需要在明确政府、居民、社区、企业等各方主体的责权利关系、建立成本收益公平合理的分担分配机制的基础上，突破目前社区治理中居民“有限参与”的瓶颈制约因素，积极探索行之有效、易于推广的社区自治新模式，大力培育城市治理的多元协同机制。①

---

① 王郁等：《超大城市精细化管理的概念内涵与实现路径——以上海为例》，《上海交通大学学报（哲学社会科学版）》2019 年 4 月。

站在中国共产党成立 100 周年的历史节点上，深入学习贯彻习近平总书记关于城市治理的重要讲话精神，研究探索符合上海城市特点和发展规律的城市管理体制机制，增强超大城市治理的系统性、协调性，不断提升城市精治共治法治水平，打造“人人都有人生出彩机会、人人都能有序参与治理、人人都能享有品质生活、人人都能切实感受温度、人人都能拥有归属认同”的人文魅力之城，具有重要的现实意义和深远的历史意义。

第五章　在探索垃圾分类实践中展现上海城市精神和品格

垃圾分类（Garbage classification）一般指按一定规定或标准将垃圾分类储存、投放、搬运和处理，从而提高垃圾的资源价值和经济价值，达到垃圾减量化、资源再利用、减少环境污染等目的的一系列活动的总称。①垃圾分类收集可以减少垃圾处理量和处理设备，降低处理成本，减少土地资源的消耗，具有社会、经济、生态等多方面效益，是实现减量、提质、增效的必然选择，是改善人居环境、促进城市精细化管理、保障可持续发展的重要举措，是关乎生态文明建设全局的大事。②

随着城市规模的扩大和城市人口的增长，“垃圾围城”成为制约城市发展的严峻问题，日本、美国、德国等一些发达国家率先尝试垃圾分类并建立起了一套较为完善的运行机制。我国生活垃圾分类经历了开始（20 世纪 90 年代）、试点探索（2000—2015 年）和

① 杜欢政、刘飞仁：《我国城市生活垃圾分类收集的难点及对策》，《新疆师范大学学报（汉文哲学社会科学版）》2020 年第 1 期。

② 《新时代党员干部学习关键词（2020 版）》，党建读物出版社 2020 年版。

快速发展（2016 年至今）3 个阶段。①1992 年，国务院在《城市市容和环境卫生管理条例》（国务院令〔1992〕101 号）中首次以官方文件的形式提出“对城市生活废弃物应当逐步做到分类收集、运输和处理”的要求。②此后，国家多次推动生活垃圾分类收集。2000 年 6 月，北京、上海、广州、深圳、杭州等 8 个城市被确定为全国首批生活垃圾分类收集试点城市。2010 年之后，上海等地的生活垃圾分类收集开始逐渐形成一批创新经验及推广模式，但公众参与并不活跃。2016 年 12 月，习近平总书记主持召开中央财经领导小组第十四次会议，指出“普遍推行垃圾分类制度，关系 13 亿多人生活环境改善，关系垃圾能不能减量化、资源化、无害化处理。”③2017 年 3 月，国务院提出“部分范围内先行实施生活垃圾强制分类”，北京、上海等城市开始在公共机构试点强制分类。2019 年 6 月，国家住房和城乡建设部提出，2025 年以前，全国地级及以上城市要基本建成垃圾分类处理系统。④2019 年 7 月，上海生活垃圾强制分类全面推行。至今，城市生活垃圾分类已经是大势所趋。

近年来，上海在垃圾分类工作既有成果的基础上，遵照习近平

---

①　彭韵、李蕾、彭绪亚等：《我国生活垃圾分类发展历程、障碍及对策》，《中国环境科学》2018 年第 10 期。

②　范文宇、薛立强：《历次生活垃圾分类为何收效甚微——兼论强制分类时代下的制度构建》，《探索与争鸣》2019 年第 8 期。

③　《写在世界环境日到来之际：推进垃圾分类　推动绿色发展》，学习强国，https://www.xuexi.cn/。

④　《住房和城乡建设部等部门关于在全国地级及以上城市全面开展生活垃圾分类工作的通知》，http://mohurd.gov.cn/wjfb/201906/t20190606_240787.html，2019 年 6 月 28 日。

总书记关于上海垃圾分类的重要指示，创新垃圾分类工作方法，走出了一条切实可行、可复制、可推广的高效生活垃圾分类新模式，对加快推进我国生活垃圾分类整体进程具有重要意义。

一、习近平关于城市精神重要论述指引上海垃圾分类的全面展开

习近平总书记关于垃圾分类重要指示是习近平关于生态文明建设系列论述的重要组成部分。上海认真贯彻习近平总书记关于上海城市精神重要论述，深入贯彻落实国家发展改革委制定发布的生活垃圾强制分类制度的方案，加快研究制定生活垃圾强制分类制度的地方性法规，作为国际性大都市向国际先进水平看齐，将垃圾分类作为一项复杂的系统工程，率先建立生活垃圾强制分类制度与行为系统，为全国作出表率。垃圾分类作为一项系统工程，政府有关部门、城市基层工作者、广大人民群众共同在习近平关于上海城市精神重要论述的指引下参与建设，形成了系统科学、集约高效、上下联动、城乡统筹的垃圾分类制度体系。

习近平总书记指出，实行垃圾分类，关系广大人民群众生活环境，关系节约使用资源，也是社会文明水平的一个重要体现。①实

① 《习近平对垃圾分类工作作出重要指示》，学习强国，https://www.xuexi.cn/。

行垃圾分类是社会主义生态文明建设的重要内容，也是培育践行上海城市精神的一次具体而微、全民参与、上下联动的生动实践。2019 年 1 月，上海市人民代表大会表决通过《上海市生活垃圾管理条例》，并于 7 月 1 日起正式实施。上海推进垃圾分类工作过程中，以习近平上海城市精神重要论述为引领，与时俱进，立足现实，扎实推动垃圾分类工作的每一步；立足超大城市特殊性，牢牢把握精细化治理要求，把垃圾分类作为超大城市精细化管理的主要抓手；以人为本，扎根基层，重点推动工作基层落实，动员基层社区居民全程参与、全员参与；在垃圾分类实践中体现上海城市特色，以实践践行、丰富城市精神与城市品格。

二、学习贯彻习近平关于垃圾分类的重要指示

党的十八大以来，习近平总书记高度重视垃圾分类工作，尤其是在上海考察期间，对上海加快推行垃圾分类作出一系列重要指示。

2015 年 12 月，中央城市工作会议提出要“加强垃圾综合治理”。2016 年 12 月，习近平总书记主持召开中央财经领导小组会议，研究普遍推行垃圾分类等制度，明确指出“要加快研究制定生活垃圾强制分类制度的法律，鼓励有条件的地区先行制定地方性法规，像生态文明试验区、北京上海这类国际性大都市、各地新城新区等就应该向国际先进水平看齐，率先建立生活垃圾强制分类制

度，为全国作出表率”。[1]同时强调普遍推行垃圾分类制度，“关系13亿多人生活环境改善，关系垃圾能不能减量化、资源化、无害化处理。”[2]这不仅对新时代上海城市生态文明建设提出了更高要求，展现出殷切期待，也进一步指引着上海垃圾分类实践的全过程，成为推动上海城市生态文明建设的重要动力。

2018年11月6日，习近平总书记在考察上海时强调：“垃圾分类工作就是新时尚。垃圾综合处理需要全民参与。”[3]2019年6月3日，习近平总书记对垃圾分类工作作出重要指示，指出：“实行垃圾分类，关系广大人民群众生活环境，关系节约使用资源，也是社会文明水平的一个重要体现。”[4]他强调，“推行垃圾分类，关键是要加强科学管理、形成长效机制、推动习惯养成。要加强引导、因地制宜、持续推进，把工作做细做实，持之以恒抓下去。要开展广泛的教育引导工作，让广大人民群众认识到实行垃圾分类的重要性和必要性，通过有效的督促引导，让更多人行动起来，培养垃圾分类的好习惯，全社会人人动手，一起来为改善生活环境作努力，一起来为绿色发展、可持续发展作贡献。”[5]

---

①② 《习近平2016年12月21日在中央财经领导小组第十四次会议上的讲话》，学习强国，https://www.xuexi.cn/“习近平文汇”VW001.046.20161221.005。

③ 《习近平在上海考察》，新华网，http://www.xinhuanet.com/politics/leaders/2018-11/07/c_1123679389.htm，2018年11月7日。

④⑤ 《习近平对垃圾分类工作作出重要指示》，学习强国，https://www.xuexi.cn/。

近年来，垃圾分类正引领着低碳生活新时尚。①2020 年 5 月 24 日，在参加十三届全国人大三次会议湖北代表团审议时，习近平总书记指出："出门佩戴口罩、垃圾分类投放、保持社交距离、推广分餐公筷、看病网上预约等，正在悄然成为良好社会风尚。这些健康文明的做法要推广开来、坚持下去。"②为防控疫情，健全国家公共卫生体系，2020 年 6 月 2 日，习近平总书记在北京主持召开专家学者座谈会并发表重要讲话，再次强调"要推广出门佩戴口罩、垃圾分类投放、保持社交距离，推广分餐公筷、看病网上预约等文明健康生活习惯"。③这将为统筹好疫情防控和经济社会发展工作、加快恢复生产生活秩序、早日夺取抗击疫情斗争全面胜利作出新的更大贡献。

三、上海全面实行垃圾分类和创新工作模式的历程

一直以来，上海市政府管理部门与时俱进，扎实推动垃圾分类工作进程。上海实行垃圾分类，是以 2019 年 7 月 1 日《上海市生

---

① 《国家主席习近平发表二〇二〇年新年贺词》，学习强国，https://www.xuexi.cn/。

② 《习近平 2020 年 5 月 24 日在参加十三届全国人大三次会议湖北代表团审议时的讲话》，学习强国，https://www.xuexi.cn/"习近平文汇" VW001.040.20200524.008。

③ 《习近平：构建起强大的公共卫生体系　为维护人民健康提供有力保障》，学习强国，https://www.xuexi.cn/。

活垃圾管理条例》（以下简称“《条例》”）的正式实施为分界点。

2019年《条例》正式实施以前，上海开展垃圾分类工作以提倡和试点为主。1999年上海市市容环境卫生管理局编制了《上海市区生活垃圾分类收集、处置实施方案》，首次确定了生活垃圾按照“有机垃圾”“无机垃圾”“有毒有害垃圾”分类的标准，垃圾分类工作的推进由此拉开序幕。作为国内首批生活垃圾分类试点城市，上海从2000年起便开始着手构建城市垃圾分类体系。21世纪初，面对一直以来垃圾分类回收不力、废弃物随意丢弃、缺乏制度管理及奖惩机制、居民垃圾分类意识不足等影响垃圾处理的诸多因素，上海市市容环境卫生管理局（后称“上海市绿化和市容管理局”）相继发布了《上海市固体废物处置发展规划》（2004）、《上海市生活垃圾计划管理办法》（2005）、《上海市餐厨垃圾处理管理实施方案》（2005）、《关于进一步开展本市居住区生活垃圾分类新方式试点工作的通知》（2007）等垃圾分类相关政策，从不同方面入手，细化落实垃圾分类管理办法与实施方案。2010年，上海市出台《上海市人民政府关于印发进一步加强本市生活垃圾管理若干意见的通知》，明确推进生活垃圾全过程分类。2010年5月，以世博会开园为契机，上海市50万份向市民和游客宣传介绍“垃圾分类，绿色世博”的爱护环境宣传手册开始发放，市容管理部门呼吁市民游客在参观世博会时按照手册上的提示进行垃圾分类，以减轻环卫工人作业劳动强度并减少垃圾处置环节和负担。

2011年5月，上海市启动“百万家庭低碳行，垃圾分类要先行”政府实事项目，提出“十二五”期间减量目标，即以2010年为基数，每年减少5%；同年12月，上海市“推进生活垃圾分类减量、收集处置”的垃圾分类试点已初见成效，有1 080个居住区开展了试点。2012年1月，上海市建设交通委和市绿化市容局明确了垃圾分类标准、收集容器设置、分类标识等规范。这一年，上海市着重完善生活垃圾分类标准、全程分类作业规范、考核体系及相关激励政策体系，新增1 500余个垃圾分类点，超额完成推进计划，试点范围也拓展至除居住区外的机关、企事业单位、菜场、公园和学校；同时，围绕生活垃圾“减量化、资源化、无害化”的目标，上海市各区县设置了不同形式的生活垃圾分类推进措施和处置方式；另外，为扩大参与面，绿化市容等部门还通过“上海绿色账户”平台，开展生活垃圾源头分类社会互动，覆盖上海市17个区县。2013年，上海基本实现机关、学校、公园和菜场等场所垃圾分类全覆盖，居民区干湿垃圾分类覆盖200万户，这一时期垃圾分类主要是干湿分类，即分开投放“厨余果皮”和“其他垃圾”。2014年，上海市出台《上海市促进生活垃圾分类减量办法》《上海市湿垃圾处理实施规划（2012—2020年）》《上海市生活垃圾分类目录及相关要求》，进一步明确各类垃圾后续收集及利用渠道分工。

2016年，上海市制定了《中共上海市委上海市人民政府关于深入贯彻中央城市工作会议精神进一步加强本市城市规划建设管理工作的实施意见》《关于进一步加强本市垃圾综合治理的实施方案》《2016年上海市生活垃圾分类减量工作的实施方案》等文件，明确完善生活垃圾处置体系的要求。2017年，上海市垃圾综合治理步伐进一步加快。为贯彻落实习近平总书记关于普遍推行生活垃圾分类制度的重要指示，按照市委、市政府的总体部署，对应国办文件相关要求，上海市立足找问题、寻差距、补短板、求实效的要求，对“十二五”以来本市生活垃圾分类工作进展情况进行了全面评估。同时结合市人大、市政协调研建议，广泛听取民意，借鉴国内外经验，结合上海实际，经反复论证和修改，形成了《关于建立完善本市生活垃圾全程分类体系的实施方案》（以下简称“《实施方案》”）。《实施方案》以确定垃圾分类标准、提升源头分类质量、加大末端处置能力建设、强化各类保障措施四方面为重点内容，力求切实提升生活垃圾分类实效。

2017年3月底，国家发展改革委、住建部共同发布了《生活垃圾分类制度实施方案》，为生活垃圾分类制度实施制定了路线图；同时，在上海市绿化和市容管理局和上海市生活垃圾分类减量推进工作联席会议办公室的共同推动下，上海市及时制定生活垃圾分类减量工作年度实施方案，要求各单位生活垃圾实施强制分类，并积极寻求制定相关政策以促进源头减量。2018年上海市制定《上海市生活垃圾全程分类体系建设行动计划（2018—2020年）》，合理规划接下来三年全民、全程生活垃圾分类体系建设。

2019年，上海市人民代表大会正式通过《上海市生活垃圾管理条例》（以下简称“《条例》”），并于7月1日正式实施，沪上垃圾分类进入日常状态的同时，迈入“硬约束”时代——“垃圾分类”在上海被纳入法治框架：个人混合投放垃圾，今后最高可罚200元；单位混装混运，最高则可罚5万元。仅在实施当天，上海有关执法部门开出623张整改单。①《条例》实施后，上海进一步加强监管，努力消除分类过程中的违法违规现象，对不规范分类进行监管和处罚，真正将城市生活垃圾的治理、管控追溯到了源头。上海市绿化和市容管理局配合发布了《上海市生活垃圾分类投放指引》，更好地帮助、引导公众熟悉垃圾分类具体操作方式和流程。同时，上海市通过规范化改造分类投放点，优化调整道路废物箱设置数量，综合配置各类垃圾车辆，建设可回收物回收服务点、中转站、集散场，开工“十三五”规划确定的15座生活垃圾处置设施项目等，力求完善生活垃圾全程分类体系建设，提高干垃圾焚烧和湿垃圾处置总能力。

2021年2月9日，为贯彻落实《条例》要求，建立垃圾分类实效考评机制，推进属地责任落实，促进常态长效管理，持续提升本市生活垃圾分类实效及精细化管理水平，上海市生活垃圾分类减量推进工作联席会议办公室制定《2021年上海市生活垃圾分类实效综合考评办法》（以下简称“《办法》”）。《办法》立足街镇（乡、工业区等）、区、重点公共机构和公共场所三个层面的考评对象，分别制定适用性的综合考评方法；量化考评指标，生成街镇生活垃圾分类实效综合考评标准构成表和居住区、单位、沿街商铺生活垃圾分类实效测评细则，以期实现促进对照整改、面向社会公布、行政绩效考核和示范街镇复核、复评的可应用结果。

① 《〈上海市生活垃圾管理条例〉正式实施　沪上垃圾分类迈入“硬约束”时代》，新华网，http://www.xinhuanet.com/politics/2019-07/01/c_1124696166.htm，2019年7月1日。

自2019年《条例》实施以来，上海市精准发力、多措并举，取得了不错的成效。至2020年年底，上海市生活垃圾分类实效明显提升，垃圾分类工作步入法治化、常态化、规范化轨道，取得五方面成效：市民积极履行分类义务、垃圾分类实效显著提升、全程分类体系基本建成、配套制度规范日趋完善、社会宣传动员取得实效。①随着《关于制定上海市国民经济和社会发展第十四个五年规划和二〇三五年远景目标的建议》的通过，上海市在“十三五”期间生活垃圾分类的丰硕成果也得到了全社会的广泛关注。在接下来的“十四五”中，上海市资源利用和垃圾分类管理事务中心也将继续对生活垃圾分类管理和资源化利用工作进行探索，以减量化、资源化、无害化为目标，全面巩固垃圾分类实效，用垃圾分类“新时尚”推动城市高质量发展。②

首先，回顾上海实行垃圾分类的工作历程，最基本的经验是将“垃圾分类”作为一项复杂的系统工程和全民行动精准发力、多措并举、扎实推进。垃圾分类是一项综合性的系统工程，涉及公众环境意识的培养、居民日常行为的改变、基层公共治理能力的建设、城乡垃圾清运系统和处理模式的更新换代、财政和公共事业经费管理的改良、产业政策的调整和创新、政府部门行政能力的提升等诸多方面，涵盖从源头到过程及最后分类处理的各个环节，涉及居

① 《市政府新闻发布会介绍本市推进垃圾分类减量工作进展成效和下一步工作重点》，http://www.shanghai.gov.cn/nw12344/20200813/0001-12344_65223.html，2020年7月2日。

② 《上海市垃圾分类成果备受媒体关注》，http://www.shanghai.gov.cn/nw31406/20210318/23401d316c54456097e277597aa9eeb5.html，2021年3月16日。

民、政府部门、企业（垃圾运输、安全处置、资源回收及处置等）多个主体，需要多方参与、共同治理。因此，从本质上来说，实行垃圾分类就是推动中国正在进行中的经济改革、社会改革、环境管理改革的一个缩影。目前，上海不仅建立起“分类投放、分类收集、分类运输、分类处理”的垃圾处理系统和垃圾分类相关法律法规和标准体系，形成了以法治为基、政府推动、全民参与、城乡统筹、因地制宜的垃圾分类制度体系，而且基本探索形成了可复制、可推广的生活垃圾分类模式。这将进一步扩大垃圾分类可覆盖范围，继续对照国际“最高标准、最好水平”，提高分类的准确性、投放的便利性和垃圾资源化利用水平，强化投放主体责任，让垃圾分类持续引领低碳生活新时尚。

上海垃圾分类工作取得明显成效，主要得益于四个方面。一是协同推进有力。建立健全市、区、街镇、居（村）垃圾分类减量推进工作联席会议制度，市发改委、财政局、农业农村委、商务委、房管局、邮政局、机管局、城投集团等主体各司其职，保障垃圾分类工作体系运行平稳有序。各区切实承担属地政府责任，十个区创建成为示范区，其中浦东新区、徐汇、黄浦、嘉定等区探索打造“一网统管—城市大脑—智慧文明”的智能化垃圾分类管理应用体系；杨浦、宝山、青浦、松江、金山等区积极探索“人防＋技防”管理模式，引入垃圾分类源头智能化管理，试点解决取证难、执法难问题。二是党建引领作用突出。市、区、街镇依托党建联建机制推进垃圾分类工作，居（村）以党组织为核心，形成居（村）委会、业委会、物业企业、志愿者、社会组织等“多位一体”协同推进模式。长宁、崇明、闵行、奉贤、普陀、虹口等区将垃圾分类工作与党建工作相结合，为扎实推进社区垃圾分类精细化管理提供坚强的组织保证。三是基层创新百花齐放。例如，静安区石门二路街道、闵行区浦锦街道引入专利除臭设备解决箱房异味问题；徐汇区枫林街道通过智能化改造垃圾箱房，实现智能投放和无接触投放；虹口区嘉兴路街道组建垃圾分类小喇叭宣传队，引导、监督居民养成分类习惯。四是执法检查实现常态化。重点围绕源头减量制度、分类投放管理责任人义务、公共场所分类投放规定执行情况开展执法检查。自2019年《条例》正式实施至2020年7月，仅城管执法部门已开展执法检查15.2万余次，教育劝阻59 856起，责令整改38 739起，行政处罚9 585件。可见，持续开展日常执法检查和专项执法行动，加强执法检查保障仍是下一阶段的工作重点之一。①

其次，上海以垃圾分类推动超大城市精细化治理，把垃圾分类作为超大城市精细化管理的主要抓手。走出一条中国特色的、符合超大城市特点和规律的社会治理新路子，是关系上海发展的大问题。“一流城市要有一流治理”，上海始终探索、不断提高城市管理水平，注重在科学化、精细化、智能化方面下功夫。让垃圾分类更智慧，是城市精细化治理的“必答题”。

《条例》实施以来，从“扔进一个筐”到“细分四个桶”，垃圾

---

① 《市政府新闻发布会介绍本市推进垃圾分类减量工作进展成效和下一步工作重点》，http://www.shanghai.gov.cn/nw12344/20200813/0001-12344_65223.html，2020年7月2日。

分类已成上海市民的自觉行动。从“新时尚”到“好习惯”，垃圾分类背后的“一网统管”智治善治，成为用“绣花功夫”治理超大城市的生动剪影。依托“一网统管”等平台，上海大力探索“科技+管理”长效机制，强化源头分类质量监管，助推上海生活垃圾分类逐步从高强度投入的“攻坚战”向常态长效制度化的“持久战”转变。2020年，浦东立足垃圾分类工作实践，成功搭建“城市大脑”垃圾智能分类场景系统，实现智能设备与街道城运系统无缝对接，将垃圾分类模块嵌入“一网统管”体系，推动城市环卫系统与再生资源系统“两网融合”，用智能化手段探索垃圾分类长效常态管理，除此之外，“城市大脑”新的应用场景还在不断被开发；虹口区曲阳路街道的“一网统管”平台，对辖区内162个垃圾箱房、45个大件垃圾堆放点位实现监管全覆盖，借助平台掌握垃圾收运车辆的行程和轨迹，科学调度，解决垃圾清运“最后100米”难题。作为一项系统性工程，源头减量、中端分类仅仅是生活垃圾分类的两大环节，后续的收运处置、资源化利用同样是考验一座城市垃圾分类“功力”的关键。“三增一减”的实现彰显着垃圾分类实效，上海垃圾分类形成了“前端源头减量—中端分类收运—末端零余处理”的“全程分类保障体系”，实现了“全链条”发力、“闭环式”管理。早在2020年6月，上海已建成“一主多点”共18座末端处置设施，干垃圾焚烧和湿垃圾资源化利用能力每天达24 350吨，2020年上海可回收物、有害垃圾、湿垃圾的分出量比上一年分别增长了57%、320%、27%以上。与此同时，干垃圾处置量比上一年下降了20%。目前上海生活垃圾无害化处理总能力已超过4.2万吨/日。2021年上海将全面建成生活垃圾“全程分类”体系，确保实现原生生活垃圾“零填埋”，明年还将在老港建成国内首座智能填埋库，未来它将成为解决上海一般工业固废、危险废物处置的托底保障，助力提升整个城市的环保功能，破解“垃圾围城”之困。①

另外，上海垃圾分类工作基层落实是重点，动员基层社区居民全程参与、全员参与是重中之重。集众智可以成大事，集众力者无不成。城市发展，城市是载体，人民是主体，既要让人民最大受益，更要依靠人民积极参与。上海垃圾分类工作基层落实过程中，通过发挥各类主体尤其是公众自我管理、自我服务、自我教育、自我监督的作用，动员基层社区居民全程参与、全员参与，形成了一套科学完备、集约高效的工作体系，垃圾分类工作最终扎根在基层。对于上海这个超大城市而言，垃圾分类没有人人参与、全民行动是不可能实现的。从“新时尚”到“好习惯”，垃圾分类背后的社区自治共治，成为上海垃圾分类工作顺利开展的善治“密码”。

自治共治，真正把垃圾分类变成社会“大合唱”。上海市宝山区通过实施垃圾分类门责管理，实现基层垃圾分类工作从“他律”走向“自律”，真正实现“大家的事人人参与”。百姓的事让百姓做主，上海部分区域成立“垃圾分类事务所”，引导居民酝酿形成与

① 《上海垃圾分类成果显著　明年将在老港建成国内首座智能填埋库》，东方网，https://www.sohu.com/a/456888245_120823584，2021年3月23日。

垃圾分类有关的议题，为垃圾分类制度顺利、高效进行献计献策，如垃圾箱房的选址、投放点开放时间等，推动垃圾分类形成长效自我管理机制。理念转变，行动才能自觉，虹口区江湾镇街道巧用各类信息载体，在小区组织居民观看垃圾分类宣传片、举办垃圾分类“闪唱”等活动，用百姓喜闻乐见的形式，引导百姓从“嫌麻烦”“分不好”到“会分”“愿分”。

从“新时尚”到“好习惯”，人民群众是参与者更是受益者。垃圾分类事关城市高质量发展、人民高品质生活，维系着人民群众对城市生活的满意度、幸福感。垃圾分类给上海社区面貌和生态环境带来了实实在在的改变。徐汇区天平街道很多弄堂空间狭小，建筑老旧，硬件设施缺位，2020 年上半年，街道工作者在调研厘清居民群众的需求后，探索出“并点投放”和“移动箱房”定时定点收运模式。尽管扔垃圾看起来一时变得麻烦，但楼道内散发的臭味消失了，小区整体卫生状况得到质的提高，居民的幸福感和满意度提升。徐汇区凌云街道提供了湿垃圾处置的另一种方式，由社区里的家庭主妇组成“绿主妇”志愿者队伍，指导居民对湿垃圾进行粉碎发酵处理，用于小区绿化，将垃圾处理变成社区环境的“加分项”，不仅带动了社区居民自治意识的增强和自治能力的成长，而且极大提高了居民实实在在的获得感，同时也为社区的和谐善治增添了社会资本。2021 年 3 月，青浦区推进新时代幸福社区建设，形成 4 类 31 项区级职能部门下沉社区中心资源配置清单（第一批），重点开发智慧垃圾分类回收系统作为智慧化、便捷化、集成化的社区生活应用场景，不断提升社区居民的获得感、幸福感、安全感。由点及面，循序渐进。上海的生动实践，为全国的生活垃圾分类工作积累了经验。

四、上海垃圾分类工作新进展

当前，上海在垃圾分类工作上取得显著进展，推动新时代城市生态文明建设开启新阶段，为全国垃圾分类的实行提供优秀可借鉴的样板。垃圾分类工作不断取得进展的同时，人民对垃圾分类的认同感、对生活在上海的获得感也在不断提升。

一是全市生活垃圾分类工作取得阶段性成果。全市“一网通办”配合“两网融合”的垃圾分类工作基本框架基本形成；生活垃圾源头减量—中端分类—末端处理的“全程分类保障体系”基本建成，末端处置能力显著增强，全上海干垃圾焚烧和湿垃圾处理能力达到2.8万吨/日，基本实现原生生活垃圾零填埋；垃圾分类工作逐步从高强度投入攻坚阶段转向制度化常态新阶段。据上海市绿化和市容管理局最新公布的数据显示，2020年，上海居住区和各单位垃圾分类达标率均达到95%，平均每天的可回收物回收量同比增长近六成，分类实效明显提升。与2019年相比，2020年上海全市“四分类”垃圾量实现“三增一减”目标。其中，可回收物回收量达到每天6 375吨，同比增长57.5%；有害垃圾收运量每天达2.57吨，同比增长三倍多；湿垃圾收运量为每天9 504吨，同比增长27.5%；干垃圾处置量每天约1.42万吨，同比减少20%。此外，上海全市干垃圾焚烧和湿垃圾处理能力达到每天 2.8 万吨，基本实现原生生活垃圾零填埋。①

二是垃圾分类新风尚和全民参与新格局基本形成。垃圾分类引领低碳生活新时尚，市民分类习惯初步养成，全市生活垃圾分类基本实现居住区、单位、公共场所生活垃圾分类全覆盖，其中居住区和单位分类达标率双双达到 95%。2020 年，上海 10 个区被评选为生活垃圾分类示范区，135 个街镇评选为垃圾分类示范街镇，还成立了 16 支生活垃圾分类志愿者服务分队，53 支街道（镇、乡）生活垃圾分类志愿者服务队，上海市、区、街镇三级垃圾分类志愿者达到 3 万余名。相关部门开展广泛的教育引导工作，潜移默化推动公众垃圾分类习惯及意识养成，垃圾分类宣传和普法宣传覆盖 5 800 个居村委会，开展集中培训 1.6 万余场次，发放宣传资料 4 500 余万份，广大人民群众认识到实行垃圾分类的重要性和必要性，市民的思想观念从“要我分”转变成“我要分”。可以说，全社会垃圾分类风尚已蔚然成风。另外，2020 年市区两级生活垃圾管理社会监督员达 940 人，1 000 多名人大代表、政协委员参与垃圾分类实效测评，通过有效的督促引导，更多人已经行动起来，养成了自觉实行垃圾分类的好习惯，“全社会人人动手，一起来为改善生活环境作努力，一起来为绿色发展、可持续发展作贡献。”②

---

① 《上海垃圾分类可回收物回收量 2020 年同比增长近六成》，新华网，http://www.xinhuanet.com/local/2021-01/22/c_1127014385.htm，2020 年 1 月 22 日。

② 《习近平对垃圾分类工作作出重要指示》，学习强国，https://www.xuexi.cn/。

三是管理常态化与问题精准化处理协同推进。当前，上海垃圾分类已经走向常态化，这就要求相关部门持之以恒抓下去，持续用力，久久为功，加强科学管理，用智能化手段探索、巩固垃圾分类有机长效机制。经济效益与生态效益的有机融合为垃圾分类长效机制常态化运行奠定基础。上海正通过建设“两网融合”中转站，提升垃圾回收服务效能，并对可回收物进行统一处置，实现利用价值最大化。上海积极巩固垃圾分类工作成果，把工作做细做实，着力解决难点痛点。现阶段，有效监督是关键，对于生活垃圾分类处理监督过程中发现的薄弱环节和问题，上海市人大城建环保委连续两年采用“问题清单”督促政府部门对照整改，并建立“整改清单”，对照要求逐一销号。从2019年的6个方面31个细目，到2020年的7个方面24个细目，“问题清单”在更新，生活垃圾管理监督工作的有效“闭环”也愈加完善。①常态化管理与问题精准处理将为当下上海垃圾分类工作体系的高效运作保驾护航。

四是城市生态文明建设迈上新台阶。党的十九大报告指出，生态文明建设指向“人与自然和谐共生”，垃圾分类是全民参与的环保行动，是能够涵盖最大范围和容纳最大社会价值的环保方式，是对国家绿色发展理念的具体践行。作为全国第一个立法推进垃圾分类的省级行政区，上海交出了一份令人满意的答卷——垃圾分类之下，环境更美好，生活更健康，人心更凝聚。上海以人民城市“幸

① 《调研“N次”查个遍，上海用“问题清单”监督垃圾分类》，新华网，http://www.xinhuanet.com/local/2020-11/16/c_1126747244.htm，2020年11月17日。

福样本”的姿态，推动垃圾分类这一“新时尚”在全国更多城市落地生根、开花结果，对我国推进绿色发展、循环发展，构建资源节约型社会，提高全社会文明水平和可持续发展能力，大踏步迈向社会主义生态文明新时代贡献力量。

五、上海垃圾分类的实践特色

2019 年 7 月《上海市生活垃圾管理条例》正式实施以来，上海市垃圾分类工作成绩斐然，这不仅是对习近平关于上海城市精神重要论述的生动实践，也进一步凝聚、升华了上海城市精神、城市品格和城市形象，更在具体实践中凸显出上海经验和城市特色。

一是政府引领，以人民为主体。习近平总书记在上海考察时明确指出，“垃圾综合处理需要全民参与”。生活垃圾分类不仅是政府主管部门的职责，更是广大公民的责任和义务。①上海在开展垃圾分类工作过程中，由政府管理部门自上而下引领推进垃圾分类相关工作，构建垃圾分类政策体系，并监督后续有序、有效推行。同时在具体推行过程中紧紧依靠、发动人民群众的主体力量，落实全社会参与。上海市政府长久以来致力于积极培育、提高市民文明素质，力求将“垃圾分类”这一曾主要由政府相关部门提供的公共服

① 秦天宝：《绿色发展理念下生活垃圾分类立法的完善》，《河南社会科学》2020 年第 1 期。

务内化为全民习惯，与推进生活垃圾减量化，提高资源利用率的理念一脉相承。

二是积极引导市民进行日常生活垃圾正确分类。广泛普及垃圾分类知识，一点一滴培养全民垃圾分类意识，在潜移默化中引导、形成全社会垃圾分类良好风尚，进而以垃圾分类新风尚助推市民精神文明建设提升。习近平总书记指出，推行垃圾分类，关键是要加强科学管理、形成长效机制、推动习惯养成。还要通过有效的督促引导，让更多人行动起来，培养垃圾分类的好习惯，全社会人人动手，一起来为绿色发展、可持续发展作贡献。作为我国人均收入和市民素质最高的城市之一，多年的宣传教育和活动开展也进一步促进上海市民对垃圾分类的参与意愿不断提升，根据国家统计局上海城市调查总队早在 2013 年底的抽样调查结果，上海市 98.9%的市民赞成推进垃圾分类，这也为后续上海垃圾分类工作的开展提供了有效的支撑。①在垃圾分类的生动实践中，广大人民群众不仅改善了人居环境，而且将绿色、可持续的生态发展理念内化于行，以实际行动推动城市精神文明建设和社会文明水平提升。

三是开创引领，先行先试的探索精神。垃圾分类工作发挥上海先行先试的示范带动作用，2019 年 7 月 1 日，上海最早以《条例》的形式将垃圾分类制度正式确立，成为全国“第一个吃螃蟹”的城市。一年多年时间成效显著，却并非一帆风顺，仍需在“摸着石头

① 中国环境投资联盟：《2019 年上海垃圾分类行业发展现状分析》，https://www.sohu.com/a/340065780_676422，2019 年 9 月。

过河”中前进，这是对上海城市精神和城市品格的踏实践行。习近平总书记指出，“垃圾分类就是新时尚”。上海将继续引领时尚风气之先，站在时代前沿，为世界贡献上海智慧，为全国各省市提供可供借鉴的示范样板。

四是立法为基，循序渐进建立健全系统、有机、长效的制度体系。垃圾分类工作推进过程中，上海基本形成了“分类投放、分类收集、分类运输、分类处理的垃圾处理系统”，以及“以法治为基础、政府推动、全民参与、城乡统筹、因地制宜的垃圾分类制度”,①它的科学性、合理性是上海垃圾分类工作能够持续推进的重要保障，不仅直接改善了城市人居环境，而且助推城市生态文明建设高质量发展。

六、上海持续推进垃圾分类工作的前景展望

上海探索垃圾分类新模式初见成效，已经建立起了一套较为完善的运行机制。目前，上海实行大类粗分、干湿分类的生活垃圾分类方法，通过制定一系列切实可行的法规章程，融合“互联网+”技术的宣传方式、智慧运行模式，逐步完善了分类收集—分类运输—分类处理循环链来推进生活垃圾分类。但在实际运行过程中也

① 《习近平对垃圾分类工作作出重要指示》，学习强国，https://www.xuexi.cn/。

暴露出诸多亟须改进之处，主要表现为垃圾分类相关制度、法规体系有待持续健全和完善，公众垃圾分类收集的自觉意识和习惯需要进一步加强，垃圾分类市场建设和垃圾回收利用行业产业链仍需完善等。

作为超大型国际化大都市，上海城市体量大，常住人口多，生活垃圾日产生量大，垃圾分类处理工作量很大。据《2020 年全国大、中城市固体废物污染环境防治年报》统计，2019 年全国 196 个大、中城市中，城市生活垃圾产生量最大的是上海市，产生量为 1 076.8 万吨，占全部信息发布城市产生总量的 4.58%，严峻的现实情况给上海的垃圾分类工作提出了更高要求。推行垃圾分类，关键取决于政府主体能否进一步加强科学管理、形成长效机制、推动系统性建设，如尽快出台更多具体、可操作性强的实施方案，完善奖惩机制，呼吁公共机构多带头示范等。当前，上海垃圾分类工作步入常态化阶段，更要加大力度、持续推进，把工作做细做实，持之以恒抓下去，走出一条可复制、可推广的高效生活垃圾分类模式。其次，生活垃圾分类工作正逐步向市场化方向发展，这要求相关企业加快完善产业链，形成良好的市场化机制；创新提升处理技术，降低垃圾处理综合成本，提升企业利润；强化终端设备配套，解决末端处置难题，真正实现城市生活垃圾零余处理。另外，城市生活垃圾分类收集关键在于源头，当前上海垃圾分类工作参与主体众多、奖惩机制尚不健全、垃圾新品种不断产生等因素导致公众难以养成良好的垃圾分类习惯。下一阶段仍需要相关主体加强督促引导、开展广泛的教育宣传工作，尤其是弱化货币奖惩机制，强化大众自觉回收的责任意识，只有广大人民群众真正认识到实行垃圾分类的重要性和必要性，全社会人人动手，才能真正将垃圾分类收集转变为一种全民行动自觉。

推行垃圾分类不仅是社会主义生态文明建设的内在要求，也是培育践行上海城市精神的生动实践。随着我国城市化进程的快速推进，垃圾综合排放量预计将越来越大，政府与公众对关乎自身生活质量的垃圾处理问题的关注度也日益提高，上海率先建立生活垃圾强制分类制度，将垃圾分类作为一项系统工程，各层级主体共同在习近平关于上海城市精神重要论述的指引下参与建设，建构起政府主导、全民参与、社会协作、城乡统筹的垃圾分类制度体系，辅以“互联网+”技术，打造出可复制、可推广的垃圾分类上海模式，为全国作出表率。垃圾分类将逐步内化涵养为上海独特的精神气质，在实践中体现上海城市特色，以实践践行、丰富城市精神与城市品格。

第六章　国际文化大都市建设熔铸上海城市精神

城市精神是城市各种文化活动和文化现象历经传承积累而凝聚、为全体市民共同拥有、体系化的精神内涵和价值取向，是文化发展在精神层面的具体表现，是一座城市发展根系之所在。自中共上海市委九届十六次全会正式提出上海国际文化大都市建设目标以来，市委市政府始终将国际文化大都市建设作为社会主义现代化国际大都市建设的重要抓手，积极培育践行城市精神、传播展示上海城市形象，系统谋划、全面部署、积极回应社会各界对上海文化建设的高度关切，坚决贯彻落实习近平总书记系列重要讲话尤其是关于上海城市精神重要论述精神，坚定不移地坚持社会主义先进文化前进方向，按照社会主义文化强国建设要求，聚焦文化改革发展中心任务，将“着力提升社会主义核心价值观感召力、中国特色社会主义理论成果说服力、社会主义意识形态宣传舆论影响力和文化产业竞争力”作为上海文化建设的重中之重；以改革创新为动力，攻坚克难，推动文化建设有力支撑上海“创新转型”战略实施，极大地促进了上海国际经济、贸易、金融、航运以及具有全球影响力的科技创新中心建设；以全面激发文化创新创造活力，赋予上海国际大都市建设以文化之魂，展现上海城市精神、城市品格和文化特色。一个文化要素集聚、文化生态良好、文化创新活跃、文化生活多样、文化英才荟萃的社会主义现代化国际文化大都市已初步建成。

一、习近平关于上海城市精神重要论述引领上海国际文化大都市建设

城市精神集中反映了城市发展过程中逐步形成的，并为广大市民普遍认同的生存理念、文化特性和价值观念，是推动城市实现持续发展的内在精神动力；城市精神是一个城市文化软实力的核心和本质体现，是植根于城市历史、体现于城市现实、引领城市未来走向和区别于其他城市的灵魂。

无论是在上海工作期间，还是党的十八大以后成为党中央领导核心，习近平同志就上海城市精神、城市品格以及上海城市建设和治理等作出过一系列重要论述，为上海文化建设提供了价值立场、思想方法和工作原则，为上海凝聚全社会共识和力量，聚焦国际文化大都市建设目标，加快推进城市文化大发展大繁荣指明了方向。习近平关于上海城市精神重要论述是习近平同志系列重要讲话的重要内容，是习近平新时代中国特色社会主义思想的重要组成部分。上海改革发展在中国特色社会主义现代化建设事业中有特殊重要地

位，习近平关于上海城市精神重要论述，体现了以习近平同志为核心的党中央对上海改革发展大局的高度重视、关心支持和殷切期望，是指引上海文化建设和城市发展的根本遵循。

改革开放以来，上海文化各行业领域在精神文明建设、理论社科、新闻舆论、出版发行、文艺创作、演艺展览、旅游观光、文化事业、文化产业、非遗保护、对外文化贸易、中外文化交流等诸多领域取得了全国领先的发展成就，形成了活力充沛、丰富多彩、争奇斗艳、齐头并进的繁荣发展格局；上海文化不同领域的改革发展，不仅积累了独特的发展经验，也形成了具有上海特色的文化工作模式，是集中展现上海城市精神和品格的典型形态。面对改革发展日新月异的新形势，上海文化建设既要延续不同领域行之有效的工作模式和路径，又要积极回应时代发展提出的新要求，需要凝聚新世纪上海文化发展新愿景；通过提炼和概括上海城市精神，提出新的上海城市精神表述，才能更好展现上海改革发展与时俱进的内在精神和独特品质。

2007 年，时任市委书记习近平亲自主持和指导上海城市精神的提炼和概括。在同年 5 月召开的中共上海市第九次党代会上，习近平同志代表市委提出，要“与时俱进地培育城市精神，大力塑造海纳百川、追求卓越、开明睿智、大气谦和的新形象，使全市人民始终保持艰苦奋斗、昂扬向上的精神状态”①。至此，上海城市精神的全新表述正式形成。

---

① 2007 年 5 月 24 日习近平在中共上海市第九次党代会上的报告。

2011 年 11 月，市委九届十六次全会专题部署贯彻党的十七届六中全会《中共中央关于深化文化体制改革、推动社会主义文化大发展大繁荣若干重大问题的决定》精神，审议并通过了上海的实施意见。实施意见沿用中共上海市第九次党代会上海城市精神“海纳百川、追求卓越、开明睿智、大气谦和”的表述，并正式提出国际文化大都市建设目标①，为新的时代条件下上海聚焦改革发展目标、把握城市发展创新转型重点，以更高标准高质量地推进文化建设提供了战略支点。文化建设是提升城市文化软实力的实践形式和主要载体，倡导、培育和践行城市精神，以城市精神为纽带团结全体市民，增进全体市民对上海建设社会主义现代化国际大都市的文化认同，为加快上海改革发展形成内在凝聚力提供了精神支撑。国际文化大都市建设目标的提出，将上海文化改革发展作为倡导、培育和践行上海城市精神的实践路径，为上海文化在已有丰富积累基础上，沿着社会主义先进文化前进方向持续健康发展，以更加奋发有为、创新开拓的精神面貌充分展现上海城市精神和品格指明方向。

上海推进社会主义现代化国际大都市建设，需要上海城市文化繁荣发展提供有力支撑，提出国际文化大都市建设目标，是上海在建设社会主义国际大都市中发挥文化建设思想引领作用的题中应有之义。中国特色社会主义现代化建设进入新时代以来，文化建设在

① 《到 2020 年力争把上海建成国际文化大都市》，《新民晚报》2011 年 11 月 24 日。

中国特色社会主义事业中的核心地位和重要影响日益凸显。上海文化建设既要对标国际文化大都市先进水平，积极从中汲取有益经验；又要在促进城市文化大发展大繁荣中牢牢把握社会主义先进文化前进方向；既要发挥文化建设价值引领、凝聚人心、展示形象，为建设社会主义国际大都市提供思想动力和精神支撑作用，又要在市场经济和对外开放条件下进一步做大做强文化产业，提高文化创意产业发展对上海经济增长和社会进步的贡献率，全面倡导、积极培育和深入践行“海纳百川、追求卓越、开明睿智、大气谦和”的上海城市精神，为上海以国际文化大都市建设融入和助推社会主义现代化国际大都市建设提供价值引领。

党的十八大以来，习近平总书记多次参加全国两会上海代表团讨论和审议，与两会代表谈改革，话创新，讲社会治理，理思路，明方向，提振精气神；多次视察上海改革发展创新进展，发表一系列重要讲话，对上海改革发展各项重要工作提出明确指导意见。习近平总书记强调，发扬上海城市精神要与践行社会主义核心价值观紧密结合；要在城市建设和治理中坚持人民至上理念；城市改革发展实践中发扬上海城市精神，彰显“开放、创新、包容”的上海品格；期待上海在城市精神的倡导、培育和践行中提升市民文明素质和城市文明程度。习近平总书记表示，改革开放以来，中国发生了翻天覆地的变化，上海就是一个生动例证。上海是我国最大的经济中心城市和长三角地区合作交流的龙头，不断提高城市核心竞争力和国际竞争力，要发扬“海纳百川、追求卓越、开明睿智、大气谦和”的上海城市精神，立足上海实际，借鉴世界大城市发展经验，着力打造社会主义现代化国际大都市①。

2018 年 11 月 6 日，习近平在视察浦东新区城市运行综合管理中心时强调，城市治理是国家治理体系和治理能力现代化的重要内容；一流城市要有一流治理，要注重在科学化、精细化、智能化上下功夫；既要善于运用现代科技手段实现智能化，又要通过绣花般的细心、耐心、巧心提高精细化水平，绣出城市的品质品牌。上海要继续探索，走出一条中国特色超大城市管理新路子，不断提高城市管理水平②。在首届进博会主旨演讲中，习近平总书记说："一座城市有一座城市的品格。上海背靠长江水，面向太平洋，长期领中国开放风气之先。上海之所以发展得这么好，同其开放品格、开放优势、开放作为紧密相连。我曾经在上海工作过，切身感受到开放之于上海、上海开放之于中国的重要性。开放、创新、包容已成为上海最鲜明的品格。这种品格是新时代中国发展进步的生动写照"③。

2019 年 11 月 3—7 日，习近平总书记参加第二届进博会并视察上海。在视察杨浦滨江时，习近平指出，这里原来是老工业区，见证了上海百年工业的发展历程。如今，"工业锈带"变成了"生活秀带"，人民群众有了更多幸福感和获得感。人民城市人民建，人民城市为人民。在城市建设中，一定要贯彻以人民为中心的发展思想，合理安排生产、生活、生态空间，努力扩大公

①② 《习近平在上海考察》，新华网，http://www.xinhuanet.com/politics/2018-11/07/c_1123679389.htm，2018 年 11 月 7 日。

③ 2018 年 11 月 5 日，国家主席习近平在上海出席首届中国国际进口博览会并作主旨演讲。

共空间，让老百姓有休闲、健身、娱乐的地方，让城市成为老百姓宜业宜居的乐园①。习近平总书记关于上海城市精神的重要论述，深刻蕴含着马克思主义历史唯物主义和辩证唯物主义的思想方法，为全面推进上海文化建设各领域的工作实践提供了具体指导。

上海全面推进文化建设，为上海建设国际经济、贸易、金融、航运中心和有国际影响力的科创中心提供智力支持、思想动力和创新氛围。以积极倡导、培育和践行城市精神为抓手，全面推进城市文化建设与经济社会协调发展，着力把握文化建设与经济社会发展双向互动、互为支撑、协同发展的内在关系。既坚持从战略全局高度认识文化建设的核心地位和重要作用，系统规划和全面部署文化建设各项工作；又注重从细微处入手，强调文化工作要与上海改革发展的中心工作和重点任务紧密结合。习近平关于上海城市精神重要论述指引和推进了上海文化建设服务大局，激发了上海广大干部群众当好改革开放排头兵、创新发展先行者的奋发有为精神，极大地提振了上海加快社会主义现代化国际大都市建设的精气神。

二、上海城市精神和品格为国际文化大都市建设铸魂立基

自上海正式提出“国际文化大都市”以来，建设国际文化大都

① 《习近平考察杨浦滨江公共空间杨树浦水厂滨江段》，新华网，http://www.xinhuanet.com/photo/2019-11/03/c_1125186949.htm，2019 年 11 月 3 日。

市就成为上海文化发展的战略定位和目标愿景。上海国际文化大都市建设内涵丰富且具有动态特征。其中，倡导、培育和践行“海纳百川、追求卓越、开明睿智、大气谦和”的上海城市精神，彰显上海“开放、包容、创新”的城市品格，成为一条主线，为上海国际文化大都市建设铸就了文化之魂，为引领上海文化改革发展确立了精神之基。

2011年，上海提出这一目标并明确用十年时间基本建成国际文化大都市。十年来，围绕这一目标，上海已经建构了社会主义现代化国际大都市文化发展的清晰框架；建设国际文化大都市作为一个持续进程，既延续承继了上海城市发展演进的历史文脉，又在不断变化的国际国内形势下迸发出与时俱进的全新内涵和形态，是展现上海城市精神、城市品格和城市文化特色的实践表征。

上海提出国际文化大都市建设目标有着深厚的历史积淀和文化发展基础。1985年3月，中共上海市委决定开展改革开放以来上海文化发展战略研讨，由市委宣传部具体组织专家学者和宣传文化部门的同志共同参与。1986年3月，提出《关于制定上海文化发展战略的建议》；同年6月，形成《上海文化发展战略汇报提纲》，为上海文化发展畅想未来，提出了许多前瞻性的文化发展理念和新思路，包括发展文化产业、促进文化消费、增加文化投入、发展文化设施、加强文化队伍建设、形成文化产品创造系统、营造城市文化生态环境、把上海建成中外文化交流中心、建设社区文化等①，影

① 中共上海市委宣传部研究室：《上海文化发展战略研究》，上海人民出版社1987年版，第885—888页。

响和建构了上海文化未来发展的基本格局。

1990 年以后，邓小平同志南方谈话和浦东开发开放，为上海按新的发展思路加快发展提供了契机，20 世纪 80 年代中期上海文化发展战略研讨形成的理念和思路得以具体实施。20 世纪 90 年代，在“一年一个样，三年大变样”的改革发展热潮中，上海建成了上海博物馆、上海图书馆、上海大剧院、东方明珠电视塔等一大批具有地标性质的重大文化基础设施，创设了以中国上海国际艺术节、上海国际电影节、上海之春国际音乐节、上海艺术博览会、上海时装周、上海双年展等为标志的一批国际文化艺术交流平台、机制和载体，上海国际文化交流中心的地位初步形成。

进入 21 世纪，上海提出现代化国际大都市建设目标以及经济社会“创新转型”发展战略。市委市政府全面贯彻落实党中央决策部署，以深化文化体制改革为动力，积极推进上海文化体制综合改革试点工作，牢牢把握马克思主义在意识形态和文化领域主导权，坚持上海文化建设的社会主义先进文化前进方向，全面推动文化事业向公共文化服务体系转型，深化文化企事业单位转企改制工作，加快解放文化生产力，推动上海文化创意产业成为上海经济结构中的支柱产业，为上海改革发展形成创新转型新格局提供重要精神动力和文化基础。

2002 年，中共上海市委在全市范围组织社会各界开展“上海城市精神”大讨论。有关上海城市精神内涵表述的各种意见，得到充分讨论和辨析，并最终形成广泛共识，即“上海城市精神要体现以海纳百川而服务全国，在艰苦奋斗中追求卓越”。上海城市精神可以用“海纳百川、追求卓越”来表述。这一表述在2003年上海市精神文明建设工作会议上正式公布。2007年5月，中共上海市委第九次党代会提出要“与时俱进地培育城市精神，大力塑造海纳百川、追求卓越、开明睿智、大气谦和的新形象，使全市人民始终保持艰苦奋斗、昂扬向上的精神状态”，进一步明确了新形势下上海城市精神内涵必须在实践中与时俱进地不断丰富、深化和创新。

2010年举办的上海世博会以“城市，让生活更美好”为主题，生动诠释上海对于城市建设和治理“属人”本质的全新理解，成为综合展示上海城市精神、城市品格和文化特色的难得机遇和有效载体。上海世博会向全世界展示了经济全球化背景下技术、文化、艺术等要素在世界各地多样化发展的最新实践，也呈现了科技进步、经济发展、社会文明、社区治理、消费文化和生态和谐等因素对城市建设和治理的综合贡献。作为国际文化交流的盛会，上海世博会的筹备和成功举办，对21世纪第二个十年上海开启文化建设新局面产生了极为重要的影响，建设“国际文化大都市”的战略目标呼之欲出。

2011年11月，市委九届十六次全会就全面贯彻落实党的十七届六中全会《关于深化文化体制改革，推动社会主义文化大发展大繁荣若干重大问题的决定》精神，制定《实施意见》，正式提出上海国际文化大都市建设目标，为上海以深化文化体制改革为动力，推动上海文化建设各项工作聚焦核心、明确重点提供了综合性目标和整合性平台，并明确到2020年要初步建成国际文化大都市；全会还提出要结合上海历史文化积淀和当前发展实际，积极倡导和营造以“公正”“包容”“责任”“诚信”为价值取向的上海城市风尚。

自上海提出建设国际文化大都市建设目标以来，上海着力从促进文化多元主体公平竞争、提高舆论引导水平、深化文化体制机制改革创新、激发文艺创新创作活力、率先建成公共文化服务体系等五个方面入手，推进构建国际文化大都市基本框架。一是促进文化建设主体的多元和丰富，通过充分激发各类建设主体的文化创造积极性，不断催生优秀文化产品和服务的创作生产；探索建立更为公平开放的竞争机制，以促进国有文化企业与民营文化企业合作共赢；大力发展文化类社会组织，促进各类市场主体良性竞争；转变政府职能，更好提供服务，创造丰富各类文化主体的有利条件，营造良好社会文化氛围。二是坚持全面落实党管媒体原则，推动媒体深度融合和整体转型。用同一标准严把传统媒体和新媒体导向，提高舆论引导水平，增强外宣工作合力，进一步巩固壮大主流思想舆论阵地。三是深化文化重点领域和关键环节的体制机制改革，强化媒体主业定位，积极推动媒体行业全面整合。完善管好资本、服务企业的管理制度，修订文化国资监管履职清单，建立资产管理负责人、财务负责人季度例会等制度。完善公司法人治理结构，推进公司制改制，充分体现上海文化生产的社会效益第一、社会效益和经济效益统一、党委领导与法人治理结构相结合的特色。四是推进上海文艺院团深化改革加快发展，以遵循艺术规律为主线；以始终把社会效益放在首位、实现社会效益与经济效益相统一为基本原则；以分类定位、体现不同艺术语言特点为改革发展要求；以多出优秀作品、培养文艺新人、增强上海文艺影响力为评价标准，深入推进符合不同艺术种类发展规律的体制机制改革。五是率先构建一流公共文化服务体系，以基层公共文化服务建设为重点，加强政府职能转变，创新工作体制机制，不断推进公共文化服务的标准化、均等化、数字化和社会化，大力推进以社区文化活动中心为重点的基层公共文化设施网络建设，基本建成功能比较完备的公共文化服务体系，满足广大人民群众日益增长的文化需求。

2016 年，是上海提出并推进国际文化大都市建设的第五个年头，城市文化建设各项实践探索卓有成效，全面完成了各项阶段性任务。市委市政府清醒地认识到，要在 2020 年基本建成现代化国际文化大都市，应依据国际国内形势变化，立足上海承担的国家战略使命，从改革发展新实践出发，与时俱进地深化、充实和丰富上海国际文化大都市建设内涵；特别是要把握社会主义现代化国际大都市建设对上海文化发展提出的新要求，抓住新一轮技术革命为上海文化发展带来的新机遇，充分发挥上海在“一带一路”建设中的独特作用和优势，进一步体现国际文化大都市建设过程的动态性、可感性和国际可比性；在尊重文化发展积累传承规律的同时，主动对接《2016—2040 年上海城市总体规划》，积极协同上海社会主义现代化国际大都市建设，坚决贯彻落实习近平总书记关于上海城市精神一系列重要论述，以培育和践行上海城市精神、全面彰显上海城市品格为主线，按照以习近平同志为核心的党中央对于上海改革发展的战略部署，聚焦国际文化大都市建设目标，全面谋划上海文化发展中长期方略和构想。

2017 年 12 月，市委市政府印发《关于加快本市文化创意产业创新发展的若干意见》（简称“上海文创 50 条”），提出未来五年，上海文化创意产业增加值在全市生产总值中占比要达到 15%左右；到 2030 年，占比要达到 18%左右，基本建成具有国际影响力的文化创意产业中心；到 2035 年，全面建成具有国际影响力的文化创意产业中心。未来上海文化创意产业高质量发展要对标国际一流，将主要聚焦影视、演艺、动漫游戏、网络文化、艺术品交易、出版、创意设计、文化装备等八大产业板块，建设全球影视创制中心，打造亚洲演艺之都，建设全球动漫游戏原创中心，巩固国内网络文化龙头地位，深化国际创意设计高地建设，构建出版产业新格局和国际重要艺术品交易中心，加快全球电竞之都建设，加快实施文化装备产业链布局等，为建设卓越全球城市和国际文化大都市提供有力支撑①。

2018 年 4 月，市委市政府印发《关于全力打响上海“四大品牌”率先推动高质量发展的若干意见》②，明确提出全力打响“上海服务”“上海制造”“上海购物”“上海文化”四大品牌。作为推动高质量发展、创造高品质生活的重要举措，全力打响“四大品牌”，是上海更好落实和服务国家战略、加快建设现代化经济体系的重要载体，也是当好新时代全国改革开放排头兵、创新发展先行者的重要行动。为推动市委市政府决策部署在全市的贯彻落实，市

① 《上海“文创 50 条”：打造国际文创中心》，新华社，2017 年 12 月 17 日。

② 《市委、市政府召开“加快推进上海‘四大品牌’建设大会”，印发〈关于全力打响上海“四大品牌”率先推动高质量发展的若干意见〉》，《解放日报》2018 年 4 月 25 日。

委市政府分别制定了打响四大品牌的《三年行动计划》。其中《关于全力打响“上海文化”品牌，加快建成国际文化大都市三年行动计划》，进一步明确了上海文化建设的三大重点任务——全面打响上海红色文化品牌、海派文化品牌、江南文化品牌①。在上海城市文化发展中，具有中华文化优秀传统和特色的江南文化，是孕育近代上海文化的主脉和根基；海派文化是西风东渐和开放环境下熔铸江南文化的创新与升华，红色文化则是在江南文化、海派文化的基础上滋生、发展起来的上海文化基因；上海不仅是近代以来中国艰难追寻民族复兴之路、引领时代风气的中心城市，更是中国共产党的诞生地，是一座有着光荣传统和先进文化的革命圣城；红色文化、海派文化、江南文化是上海城市精神、城市品格和文化特色孕育滋长的土壤。充分挖掘和利用红色文化、海派文化和江南文化丰富资源，激活上海文化创新创造活力，是新时代上海文化建设进一步突显城市文化特色，充分彰显城市精神的活水源头。

2018 年 11 月，习近平总书记在首届进博会开幕式主旨演讲中代表党中央向上海交办三项国家战略性重大任务②，其中一项战略性重大任务是长三角一体化发展升格为国家战略，为上海加快国际文化大都市建设提供了重大机遇。一方面，长三角一体化发展要求上海国际文化大都市建设自觉融入长三角区域文化融合发展进程，

---

① 上海市人民政府新闻办公室：《全力打响“上海文化”品牌　加快建设国际文化大都市三年行动计划（2018—2020 年）》有关情况，2018 年 5 月 14 日。

② 2018 年 11 月 5 日，国家主席习近平在上海出席首届中国国际进口博览会并作主旨演讲。

另一方面也为上海国际文化大都市建设注入了新内涵。在加快长三角区域一体化发展进程中，长三角基础设施建设所产生的同城效应，既为区域经济一体化提供了良好基础，也为文化领域的区域协调和融合发展创造了条件，上海文化领域的管理部门和相关机构单位积极参与长三角区域文化发展协调和融合机制、平台和载体构建，建立了长三角演艺联盟、长三角红色文化博物馆联盟、长三角文旅产业联盟、长三角文博会等，由此，上海国际文化大都市建设成为推动长三角区域文化融合发展的重要动力源。

2020 年，党中央团结带领全国各族人民，进行了一场惊心动魄的抗击新冠肺炎疫情大战，取得了重大战略成果，充分展现了中国共产党领导和我国社会主义制度的显著优势，充分展现了中国人民和中华民族的伟大力量，充分展现了中华文明的深厚底蕴，充分展现了中国负责任大国的自觉担当，极大增强了全党全国各族人民的自信心和自豪感、凝聚力和向心力，极大地激励了全国各族人民在新时代新征程上披荆斩棘、奋勇前进①。在以习近平同志为核心的党中央坚强领导下，和全国一样，上海在第一时间组织本市 89 家医院组成 9 批次共 1 640 名卫生专业技术人员驰援武汉；较早遏制住了上海辖区内疫情蔓延势头，用一个半月时间实现本地每日新增病例清零；作为疫情期间全国人员和货物出入境最大口岸，上海全面织密织牢疫情防控网，精心做实全覆盖、全流程、全闭环管理，有效阻断境外疫情输入；从防控上海到联动长三角，不断建立健全

① 2020 年 9 月 8 日习近平在全国抗击新冠肺炎疫情表彰大会上的讲话。

区域联防联控机制，构筑保障城市安全的牢固防线；不失时机全面恢复经济社会秩序，较早实现全面复工复产复市，经济企稳回升，持续向好。上海抗疫斗争取得的重大战略成果，是全市上下齐心协力、团结奋斗的结果，彰显了人民城市众志成城的磅礴力量，铸就了党的诞生地新的时代荣光；是各种风险挑战和关键时刻坚持党的领导、秉持人民至上理念、发挥制度优势、依法科学精准施策的结果，充分彰显了上海海纳百川、追求卓越、开明睿智、大气谦和的城市精神和开放、创新、包容的城市品格。

三、“十三五”时期上海国际文化大都市建设的创新进展

“十三五”时期，上海以习近平关于上海城市精神重要论述为指导，全面贯彻落实中央决策部署，以全力打响“上海制造”“上海服务”“上海购物”“上海文化”四大品牌为抓手，坚持中国特色社会主义文化发展道路，注重挖掘利用上海红色文化、海派文化、江南文化资源优势，大力弘扬海纳百川、追求卓越、开明睿智、大气谦和的城市精神，彰显“开放、包容、创新”的城市品格，激发文化创新创造活力、增强城市文化传播力、影响力和美誉度，提升城市文化软实力，为全面促进上海社会主义现代化国际大都市建设夯实精神之基，注入文化之魂，在文化建设各领域取得显著进展，推动国际文化大都市建设迈上了新台阶。

一是深入学习研究宣传习近平新时代中国特色社会主义思想取得丰硕成果。上海是全国理论社科研究高地，上海国际文化大都市建设注重新时代理论社科的队伍建设、平台搭建、成果产出和能力提升，持续深入推进习近平新时代中国特色社会主义思想研究不断取得新进展；上海社会科学院、复旦大学中国研究院、上海全球城市研究院等具有上海特色的研究机构发展成长为国内一流、初具国际影响力的智库；以《新时代新思想新战略研究丛书》等为代表的习近平新时代中国特色社会主义思想研究系列研究成果陆续出版；改革开放 40 周年、新中国成立 70 周年系列课题研究成果丰硕，中国特色哲学社会科学话语体系建设初见成效。上海国际文化大都市建设推动了上海理论社科建设始终走在全国前列。

二是持续提升新闻舆论传播力引导力影响力公信力。巩固和加强马克思主义在意识形态领域的主导地位，不断提升新闻舆论传播力引导力影响力公信力是国际文化大都市建设的重要目标之一。上海积极推动主流传统媒体和网络新媒体的深度融合，加快媒体行业整体转型，为新形势下巩固和加强新闻舆论主阵地夯实基础。上海报业集团、上海文化广播影视集团已经发展为实力雄厚、国内领先的新型主流媒体集团；澎湃新闻和百视通等新媒体平台用户数量过亿；上观新闻、东方头条、界面新闻等 7 家新媒体平台用户数过千万；“上海发布”稳居全国新媒体政务微信年榜第一，第六声、ShanghaiEye 等外宣媒体的国际传播能力明显提升。上海新闻舆论传播力引导力影响力公信力的持续提升，为充分彰显上海这座社会主义现代化国际大都市的城市精神、城市品格、城市形象和文化特色发挥了极其重要的作用。

三是精神文明建设注重与上海改革发展重点工作紧密结合，大力培育和践行社会主义核心价值观，精神文明创建活动虚事实做，服务大局不断取得新成效。一是与举办中国国际进口博览会紧密结合，提升市民文明素养，提升窗口服务水平，做好志愿服务工作，全方位展示上海良好形象和城市魅力；二是与打响上海“四大品牌”紧密结合，用好红色文化、海派文化、江南文化丰富资源，打响“上海文化”品牌，深化实施“开天辟地——党的诞生地发掘宣传工程”，树立邹碧华、钟扬、王逸平等一批新时代先进典型人物和航天长征六号团队等先进典型集体，使精神文明建设成为打响服务品牌、制造品牌、购物品牌的强大精神动力；三是与创新社会治理紧密结合，沉到基层一线，创新渠道载体，延伸触角阵地，扩大精神文明建设的覆盖面和影响力，全市已有浦东、静安、长宁、奉贤、徐汇、嘉定六区建成全国文明城区，数量已居全国直辖市首位；四是与城市精细化管理紧密结合，在无违建居村（街镇）创建、提升市容市貌、整治顽症痼疾、推进垃圾分类成为上海新时尚等方面引导广大市民共建共享、同向发力。推出“新七不”规范，推进新型阅读文化空间建设，打造品牌读书会，市民阅读成为美好日常。全市志愿者注册人数占常住人口比率达到18%；五是与实施乡村振兴战略紧密结合，传承优秀乡贤文化，加强精神文化产品供给，破除陈规陋习，培养健康的农村文化生活。党的十九大以来，上海在精神文明创建活动中所取得的成绩，是对习近平总书记有关上海工作一系列重要讲话精神尤其是关于上海城市精神重要论述的贯彻落实，充分展现了上海城市精神倡导、培育和践行的实践特色，是上海城市品格的生动体现，极大提升了上海市民文明素质和城市文明程度。

四是文艺作品原创能力显著提高。文艺作品原创能力是城市文化创新创造活力的重要体现，上海建设国际文化大都市始终把提高文艺作品原创能力作为重要抓手，深入推进国有文艺院团“一团一策”改革，组织实施一批主题鲜明的文艺创作与文化传播工程，成功举办第十二届中国艺术节。舞台艺术精品剧目创作年均出品3部以上，影视精品制作生产年均出品数量较“十二五”期末增长132%，电影《攀登者》等一批优秀作品社会反响良好。《辞海》(第七版）等国家重大出版工程顺利完成，上海重大主题出版继续保持全国优势地位。舞剧《永不消逝的电波》、图书《战上海》等11部作品入选第十四届、第十五届“五个一工程”奖。率先在全国制订实施网络作家职称评定办法，持续推进网络文学形成良好生态。文艺作品原创能力的显著提高进一步激发了上海文化创新创造活力。

五是重要功能性文化设施体系进一步完善。重大文化设施建设是支撑国际文化大都市运行和功能发挥的重要基础设施。上海建设国际文化大都市注重以不断满足广大人民群众对美好生活的向往为导向，持续优化全市重要文化设施空间布局，稳步推进重大文化设施建设。浦西人民广场地区、浦东花木地区两大重点文化设施集聚区基本形成；黄浦江滨江岸线和苏州河滨河步道全线贯通，形成全新公共活动空间；上海国际舞蹈中心、上海历史博物馆、程十发美术馆、迪士尼乐园、九棵树未来艺术中心等重要文化设施相继建成开放，为广大市民享受丰富多彩的文艺生活提供更多选择；上海博物馆东馆、上海图书馆东馆、上海大歌剧院、上海少儿图书馆新馆等在建项目进展顺利；730 万平方米里弄类历史建筑保护范围确定；一个设施先进、布局合理、功能完善、以人民为中心、体现上海国际文化大都市形象的文化空间形态已经形成。

六是率先基本建成现代公共文化服务体系。全面推进公共文化服务体系向现代公共文化服务体系转型升级，是国家文化发展“十三五”规划确定的战略任务，上海在建设国际文化大都市进程中积极贯彻落实这一战略任务，持续推进公共文化服务标准化、均等化，不断完善中心城区 10 分钟、郊区 15 分钟公共文化服务圈，全市常住人口人均公共文化设施建筑面积已达 0.2 平方米；市、区、街镇三级投入保障和四级服务配送机制已经形成，配送资源向远郊区倾斜；全面推进公共文化服务设施运行管理加快向社会化、专业化方向转型升级，全市已有 90%以上的社区文化活动中心委托各类社会主体参与运营。上海在推进公共文化服务体系向现代公共文化服务体系转型升级中，积极把握科技发展应用新趋势，在全国率先推进公共文化服务数字化，建立全市统一、连接所有公共文化服务机构的数字平台——文化上海云，通过技术赋能，全面提升了公共文化服务设施利用效率和运行管理水平。

七是文化创意产业支柱地位凸显。“十三五”时期，上海将全球影视创制中心、国际重要艺术品交易中心、亚洲演艺之都、全球电竞之都建设纳入上海国际文化大都市建设目标，相继出台“上海文创 50 条”“旅游 30 条”“体育产业 30 条”“电竞产业 20 条”等文化产业政策，积极引导文化创意产业加快发展，全面推进文化产业数字化转型取得重要进展，以 B 站、阅文、小红书、喜玛雅拉等为代表的网络文娱新业态集聚发展，形成上海文化创意产业新优势。2019 年上海文化创意产业实现增加值 4 970.97 亿元，在全市 GDP 总值中占比达 13%，上海文化创意产业的加快发展满足了人民群众日益增长的精神文化需求，同时，也为上海的经济增长作出了重要贡献，并提前完成了“十三五”规划目标。2020 年，新冠肺炎疫情严重冲击生产生活和社会运行。疫情期间，影院、剧场、美术馆、博物馆等人群聚集型文化消费场所无法正常经营，但文创 50 条引领的上海数字文化新业态爆发式增长，为疫情期间满足人民群众的精神文化需求作出了突出贡献。

八是城市文化治理体系不断完善。按照国际文化大都市建设目标，上海积极构建主体多元、各类所有制文化企业良性竞争、文化行业组织健康发展、市民参与共建共享的文化生态，文化建设新格局已经成型，城市文化治理体系不断完善。“十三五”时期，上海市党政机关文化管理部门职能调整全面完成；《上海市非物质文化遗产保护条例》《上海市志愿服务条例》《上海市民间收藏文物经营管理办法》等一批地方性文化法规和规章陆续出台；文化领域完善政务服务的“一网通办”持续深入推进；市区两级 58 家图书馆、文化馆、博物馆、美术馆等公益性文化机构建立理事会制度已经进入运行阶段；全市 26 个市级文化行业组织积极提供服务，为营造健康良好文化生态，激发全社会文化创新创造活力，促进城市文化繁荣发展提供了法制保障，发挥了积极作用。

四、国际文化大都市建设实践的上海特色

习近平总书记说，“看一百年的中国去上海”①。2011 年以来，市委市政府在全面部署推进国际文化大都市建设中，深刻领会和全面贯彻习近平有关上海城市精神的一系列重要论述，围绕新时代上海文化建设目标，自觉承担起“举旗帜、聚民心、育新人、兴文化、展形象”的使命任务，以国际文化大都市建设为上海建设社会主义现代化国际大都市注入文化之魂和确立精神之基。上海国际文化大都市建设历经十年，成就斐然，全面践行了习近平关于上海城市精神重要论述的思想、理念和价值，生动展现了上海城市精神、品格和形象，也在实践中凝结了上海经验和特色。

一是牢牢把握国际大都市文化建设的社会主义先进文化前进方向。党的十九大强调，中国特色社会主义的基本内涵，由中国特色社会主义道路、中国特色社会主义理论体系、中国特色社会主义制度和中国特色社会主义文化四大核心内容构成，凸显了文化建设在中国特色社会主义事业中的重要战略地位和作用。上海坚持党对文化建设的全面领导，用国际文化大都市建设引领和支撑社会主义现代化国际大都市建设；在规划和部署国际文化大都市建设各项工作时，坚决贯彻党的基本理论、基本路线、基本方略，增强“四个意识”、坚定“四个自信”，牢固树立和贯彻落实创新、协调、绿色、

① 参见《人民日报》（海外版）2017 年 9 月 21 日。

开放、共享发展理念；坚定不移地坚持社会主义先进文化前进方向，坚持把社会效益始终放在首位、社会效益和经济效益相统一；对照国际标准，突出上海特色，推动中华优秀传统文化创造性转化和创新性发展，吸收世界文明有益成果，彰显上海城市精神和品格，全力打响“上海文化”品牌，切实推动国际文化大都市建设高质量发展。

二是始终坚持以人民为中心的价值导向。上海国际文化大都市建设坚持以人民为中心的价值导向，全面践行“人民城市人民建，人民城市为人民”重要理念，以体制机制改革提升公共服务文化体系运行效能，保障全体市民基本文化权益；以营造良好生态、促进公平竞争、加快技术赋能，解放文化生产力，促进文化创意产业高质量发展，满足广大人民日益增长的多样化精神文化需求；以构建多元主体共同参与的文化建设新格局，激发人民群众文化创造活力，有力促进了实现全体市民的文化共建共享。

三是与时俱进地深化和拓展国际文化大都市建设内涵。自 2011 年市委九届十六次全会正式提出上海国际文化大都市建设目标以来，市委市政府坚持一张蓝图绘到底，一任接着一任干，一方面牢牢把握国际文化大都市建设目标的核心和主线，聚焦关键环节和重点领域，坚定不移和持续深入推进文化建设各项工作贯彻落实；另一方面，按照中央决策部署，依据形势变化提出的新要求，深化和拓展国际文化大都市建设内涵，注重把握科技创新发展新趋势，着力推进文化与旅游、金融、科技等融合发展，着力培育文化新业态，积极协调协同文化建设与城市建设、城市治理和长三角区域一体化发展，在文化建设支撑经济社会发展的同时，充分体现了上海现代化国际大都市的人文特色、城市精神和城市品格。

四是构建支撑超大城市的大文化建设格局。上海作为超大型、现代化的国际大都市，文化发展始终在城市建设和发展中占有突出地位。在推进国际文化大都市建设中，上海坚持大文化建设格局的基本定位，从文化生产、文化生活和文化生态三个维度全面推进文化建设，着力构建以活力充沛、功能完善、设施一流、服务高效、治理精细为主要特征的结构完整、内容丰富和运行顺畅的城市文化体系，自觉担当文化使命，积极培育城市文化创新创造活力，以丰富多样的文化产品和服务全力满足广大人民群众日益增长的精神文化需求，以文化治理的精细化，推动文化体制机制改革不断深化，促进了城市文化建设的高质量发展。

五是不断完善国际文化大都市文化治理体系。上海在推进国际文化大都市建设中，坚持围绕建设社会主义现代化国际大都市总体目标，顺应新时代经济社会发展要求，以文化高质量发展增加城市软实力，以文化软实力提升国际文化大都市能级，助力上海国际经济、金融、贸易、航运和科技创新中心建设；坚持党对文化工作的全面领导，加强和巩固马克思主义在意识形态领域的指导地位，坚持用习近平新时代中国特色社会主义思想武装头脑，以内容建设为根本、先进技术为支撑、创新管理为保障，改进、健全和完善文化生产和传播综合治理体系；进一步深化文化体制改革，推动政府文化管理职能转变，推进文化单位治理结构完善，做大做强做优国有文化企业，健全文化政策和法规体系，提高文化治理法治化水平，支持、鼓励和引导各种文化市场主体健康成长，进一步完善了多元主体协同参与的上海大都市文化治理体系。

六是文化建设提升城市文明程度和市民素质。上海在推进国际文化大都市建设中，深入实践党的为民宗旨，坚持以人为本，以群众性精神文明创建活动为载体，大力推进文化建设各项工作全面贯彻落实习近平总书记关于“上海一定要把培育和践行社会主义核心价值观工作做得更细、更实、更深入人心，努力在这方面走在全国前列”① 的重要指示精神，着力培养担当民族复兴大任的时代新人，着力弘扬共筑美好生活梦想的时代新风，坚持立德树人、以文化人、成风化俗，弘扬和践行上海城市精神和城市品格，全面提升了城市文明程度和市民文明素质。

七是以国际文化大都市形象彰显上海城市精神和品格。建设国际文化大都市是新形势下打响上海文化品牌、擦亮上海城市名片、展现上海城市形象的生动实践；上海城市精神的提炼概括和培育践行与这一实践形成双向互动关系，并在价值、思想和观念层面参与上海社会主义现代化国际大都市的建构过程。上海建设现代化国际大都市在新时代中国特色社会主义现代化建设事业中具有特殊重要的地位。党的十八大以来，以习近平同志为核心的党中央明确要求上海作为全国经济中心城市，要在改革发展中进一步发挥好先行先试和创新探索的示范作用，当好改革开放的排头兵和先行者。按照

① 《习近平在上海考察》，人民网，http://politics.people.com.cn/n/2014/0524/c1001-25060582.html，2014 年 5 月 24 日。

国家战略要求，在对外开放不断扩大条件下进一步提升上海在全国发展中的城市功能定位，由国际经济、金融、贸易和航运四个中心进一步扩展为五个中心，即建设国际经济、金融、贸易、航运中心和有全球影响力的科创中心。上海改革发展实践的不断深化，为上海城市精神的概括、培育和践行不断注入新的内涵；而上海城市精神引领了广大市民的价值认同，影响和感召了广大市民的日常行为，体现于上海改革发展实践的方方面面。上海城市精神作为展现城市形象的价值内核，为上海改革发展团结民众、凝聚人心、共谋发展提供了精神纽带和思想动力，扎实有效地推动了上海改革发展各项工作不断取得新的进展。

第七章　习近平关于城市精神重要论述与上海贯彻实践

习近平总书记就城市精神尤其是就上海城市精神和品格作过一系列重要论述，对倡导、培育和践行上海城市精神，全面推进上海改革发展具有极强的理论和实践指导意义，充分彰显了习近平新时代中国特色社会主义思想的根本理念、价值立场和思想方法。习近平强调城市建设和治理要坚持人民至上理念；强调发扬上海城市精神要与践行社会主义核心价值观紧密结合；强调要在城市改革发展实践中发扬上海城市精神，彰显“开放、创新、包容”的上海品格；凸显了以习近平同志为核心的党中央，期待上海的改革发展在上海城市精神的倡导、培育和践行中提升市民文明素质和城市文明程度，为中国特色社会主义现代化建设作出更大贡献。党的十八大以来，上海广大干部群众在市委市政府的领导下，以习近平新时代中国特色社会主义思想为指导，深入学习领会习近平关于城市精神重要论述，尤其是上海城市精神和品格的一系列重要论述的思想内涵、价值立场和思想方法，把握倡导、培育和践行上海城市精神的实践本质，在上海改革发展各个实践领域积极贯彻落实习近平城市精神重要论述的内在理念和精神实质，在城市规划和更新、精神文明建设、国际文化大都市建设、基层社区治理和垃圾分类等各个实践领域，取得了重要的实践进展和工作实绩，充分展现了新时代上海城市精神和品格。

一、习近平关于城市精神重要论述的内涵解读

1. 习近平关于城市精神重要论述的思想内涵

习近平关于上海城市精神的系列重要论述是在对我国社会主要矛盾变化进行清晰认知、对传统城市发展模式进行深刻反思、对大“城市病”进行有效破解的基础上形成的科学理论思想。该系列论述继承了中国传统民本思想，借鉴了马克思主义政治经济学关于城市发展的理论，并赋予马克思主义人本思想以新时代的内涵，丰富了中国特色社会主义理论体系，总结了新中国成立以来上海城市发展的实践经验，为上海建设超大城市探索出一条正确道路，为世界超大型城市可持续发展提供了中国方案。

首先，习近平关于上海城市精神的系列重要论述继承了中国传统民本思想，肯定了人民的主体地位和作用。第一，城市发展的目标在于满足人民的生活需求，提高居民的生活水平，实现人民在城市建设中的共建共治共享的目标。“人民城市人民建，人民城市为人民”这一思想超越了传统的“民生、民心”观点，把

人民的主体性提到了治理体系的高度，肯定了作为城市建设过程中的建设者和评判者角色，鼓励人们积极主动地参与到火热的城市建设大潮中，使城市更加符合人民需求和期待。第二，习近平总书记指出："无论是城市规划还是城市建设，无论是新城区建设还是老城区改造，都要坚持以人民为中心，聚焦人民群众的需求，合理安排生产、生活、生态空间，走内涵式、集约型、绿色化的高质量发展路子，努力创造宜业、宜居、宜乐、宜游的良好环境，让人民有更多获得感，为人民创造更加幸福的美好生活。"①将人民作为城市的"始点"，同时也是城市发展的"终点"，即城市建设成果归于人民自身，真正实现城市是人民共建共治共享的共同体目标。

其次，习近平关于上海城市精神的系列重要论述赋予马克思主义人本思想以新时代的内涵。马克思和恩格斯有关城市发展地位、"城市病"治理及城市布局的科学预见和深刻洞察，为习近平提出关于上海城市精神的系列重要论述提供了根本理论遵循。基于资本主义社会尖锐的城乡对立，日益泛滥的"城市病"及大城市内愈发紧张的阶级对立，马克思和恩格斯认为未来社会有必要对城市进行协调平衡布局。人民作为城市建设的主体验证了马克思主义"人民是历史的创造者""整个所谓世界历史不外是通过人的劳动而诞生的过程"等观点。人民既然作为历史的创造者，其所作的一切都应该以"人"为出发点进行操作，这个"人"强调的是作为实践活动

① 习近平2019年11月2日至3日在上海考察时的讲话。

中本体的“人”，而不是作为客体的人存在。这也就是意味着人民城市的建设应该要区别于从前以满足政府绩效为主、将人民需求与人民参与作为客体的做法，比如过去曾经存在“GDP崇拜”“物化城市”建设等现象，客观上忽略了人民的存在，把人民当成了旁观者甚至是客体，“人民城市人民建，人民城市为人民”的提出既是对过去偏差的正本清源，也是一种思想纠正。

再次，习近平关于上海城市精神的系列重要论述丰富了中国特色社会主义理论体系。一方面，它强调了人民作为城市的主人参与城市建设的时代意涵，是从能动性角度对人民提出的政治期待；另一方面，它凸显了城市建设和治理以人民为中心的政治原则，目标是实现人民共享城市成果。在中国特色社会主义理论体系中，“共享”发展理念坚持人民主体地位，彰显了中国特色社会主义的本质特征。无论是邓小平理论中的“先富带动后富，实现经济成果共享”，还是“三个代表”重要思想中强调的“代表最广大人民群众的根本利益”，抑或是科学发展观中提出“全面协调可持续”的发展观，以及习近平新时代中国特色社会主义思想，已经形成了逻辑严密的一脉相承的理论体系。在这个理论体系中，“共享”的新发展理念最具有时代特质，成为中国特色社会主义理论体系的一大关键词语。习近平关于上海城市精神的系列重要论述是共享发展理念在城市空间、城市语境下的具体应用和发展，而共享的目标就是要努力打造人人都有在城市的出彩机会、人人都能有序参与城市治理、人人都能享有城市的高品质生活、人人都能切实感受城市温度、人人都能拥有对城市的归属与认同。

最后，习近平关于上海城市精神的系列重要论述，坚持马克思主义唯物史观的立场观点方法，以“人民城市”为核心理念，深刻阐明了中国共产党领导下的中国特色社会主义城市建设发展的根本立场与治理路径，深刻揭示了新时代中国城市工作的宗旨与方针、主体与依靠、导向与重心、部署与规划。做好新时代城市工作，必须坚持以人民为中心，明确城市是人民的城市、人民是城市的主人，把“属民”“为民”“靠民”的人民城市重要理念真正落到实处，全心全意为人民群众创造更加幸福的美好生活。

2. 城市精神重要论述在习近平治国理政思想中的重要价值

习近平关于城市精神重要论述，是关于新时代城市治理的新论断，是新时代治国理政的基本指导，为城市发展与治理提供了坐标，在习近平治国理政思想体系中具有重要的地位和价值。城市精神系列论述中的核心理念“人民城市人民建，人民城市为人民”的提出，是“以人民为核心，为人民办实事”习近平治国理政理念的具体化，以彰显人民主体地位、促进人民全面发展的治理理念作为治国理政的思想指导；通过多样化挖掘人民参与渠道、推动人人有序参与治理实现治国理政的“善治”实践指导；通过满足人民需求，凝聚人民认同，建立人民城市，实现满足人民美好生活需要的奋斗目标指导，推动共建共治共享在未来相当长时间内成为改革开放与治国理政的基本遵循。

城市空间作为国家治理的主要阵地，必须要将人民民主的治国理念贯彻落实到城市治理的全方位和全过程。“人民城市人民建，人民城市为人民”理念将人民放置在城市治理的主体位置，以人民参与作为城市建设和城市治理的出发点，以满足人民对城市美好生活的需求作为城市建设和城市治理的根本点，实现了人民主体地位的理念与城市建设与城市治理的全过程管理的有机结合。因此，“人民城市人民建，人民城市为人民”的城市理念，是作为人民民主治国理念的一大延伸，更是对新时代治国理政具体任务的落实。新时代治国理政的治理目标之一是实现国家与社会的良性互动。习近平总书记关于城市治理的理念，鼓励人民作为城市建设的能动性主体积极参与到城市建设和城市治理的方方面面：从城市规划、建设到管理的全过程，人民都不可缺席，国家以制度保障人民主体的参与资格和参与过程，引导人民在城市建设和城市治理中发挥建设性作用。

推进国家治理体系和治理能力现代化是习近平治国理政思想的重要方面。习近平在上海考察时强调：“城市治理是国家治理体系和治理能力现代化的重要内容。一流城市要有一流治理，要注重在科学化、精细化、智能化上下功夫。既要善于运用现代科技手段实现智能化，又要通过绣花般的细心、耐心、巧心提高精细化水平，绣出城市的品质品牌。”① “衣食住行、教育就业、医疗养老、文化体育、生活环境、社会秩序等方面都体现着城市管理水平和服务质量。要牢记党的根本宗旨，坚持民有所呼、我有所应，把群众大大

① 习近平 2018 年 11 月 6 日在上海考察时的讲话。

小小的事情办好。要推动城市治理的重心和配套资源向街道社区下沉，聚焦基层党建、城市管理、社区治理和公共服务等主责主业，整合审批、服务、执法等方面力量，面向区域内群众开展服务。要推进服务办理便捷化，优化办事流程，减少办理环节，加快政务信息系统资源整合共享。要推进服务供给精细化，找准服务群众的切入点和着力点，对接群众需求实施服务供给侧改革，办好一件件民生实事。”①上海深入学习贯彻习近平总书记治国理政新理念新思想新战略，把握超大城市基层党建工作方向和实践要求，着眼推进城市治理体系和治理能力现代化，以巩固党在城市执政基础、增进群众福祉为目标，以街道社区党组织为核心，以党建引领基层治理为抓手，以解决突出问题为突破口，重基层、重实效、重实干，努力探索符合超大城市特点和规律的基层治理新路子。

3. 习近平关于城市精神重要论述对上海改革发展实践的指导意义

习近平总书记“人民城市人民建，人民城市为人民”的重要理念，为上海下一步的改革发展指明了前进方向，提供了根本遵循。中共上海市委按照党中央的部署和要求，带领上海广大干部群众肩负使命、忠实践行，积极探索新时代在社会主义国际化大都市发展进程中建设人民城市的新路径。一是准确把握新时代人民城

① 习近平 2018 年 11 月 6 日在上海考察时的讲话。

市建设发展的特点与规律。“上海是世界观察中国的一个重要窗口。”要把新时代人民城市的建设发展放在党中央对上海部署与定位的大局、全局中进行思考擘画，更好地向世界展示中国形象、传递中国声音，为国家改革发展大局作出更大贡献。上海在探索超大规模人民城市建设发展的进程中，要始终坚持人民城市的属性，把人民的向往作为城市建设发展的方向，把人民的需求作为城市建设发展的追求，把人民的痛点作为城市建设发展的重点，把人民的感受作为检验城市建设发展成效的标尺。充分发挥群众在人民城市现代化建设发展中的主体作用，真正做到共建共治共享。要科学认识、顺应和把握城市发展规律，加快走出一条符合超大城市特点和规律的人民城市建设发展新路子。二是积极探索新时代人民城市的治理新路。上海正在深入贯彻落实党的十九届四中全会精神，聚焦以人为本、系统治理、科技赋能、重心下移、建章立制等五个方面，积极探索超大规模人民城市的治理新路。在坚持“一切为了人民、紧紧依靠人民”的前提下，率先构建以经济治理、社会治理、城市治理统筹推进和系统集成为特点的超大城市治理体系，加强系统治理、依法治理、综合治理、源头治理。抓好政务服务“一网通办”和城市运行“一网统管”两张网建设，不断提高治理的科学化、精细化、智能化水平，有效服务城市高效运行，有效防范化解重大风险。

2020 年 12 月 20 日颁布实施的《中共上海市委关于制定上海市国民经济和社会发展第十四个五年规划和二〇三五年远景目标的建议》（以下简称“建议”）充分体现了习近平城市精神重要论述对

上海改革发展实践的指导意义，其贯穿始终的一条主线，就是全面梳理习近平总书记对上海的指示要求，逐项部署任务举措，逐条进行细化落实。规划《建议》中，特别强调上海整个城市空间的多中心化发展，嘉定、青浦、松江、奉贤、南汇五个新城发力，成为独立的综合性节点城市，将使得全市城市空间结构得到优化，资源配置更加合理。强化“四大功能”是习近平总书记对上海提出的明确要求，《建议》对此深入研究，听取各方意见，将强化“四大功能”的路径措施做细做实在。高端产业引领功能方面，《建议》提出“3 + 6”产业布局，打破了上海工业领域六大重点产业的传统定位，以明确的先导性布局，推动打造一批代表未来发展方向的新兴产业。“人民城市人民建，人民城市为人民”是一个大的指导思想。《建议》在“十四五”发展目标和2035年远景目标中强调“谱写出新时代‘城市，让生活更美好’的新篇章”等发展导向；在指导思想和基本原则中提出“把人民宜居安居放在首位，把最好资源留给人民”等工作要求；在任务举措中提出“把更多‘工业锈带’变成‘生活秀带’‘发展绣带’”“扎实推动共同富裕”“打造一批宜居、宜业、宜乐、宜游的人民城市建设示范点”“打造人人有责、人人尽责、人人享有的社会治理共同体”“把城市安全的防线筑得更牢”等工作措施。从这些建议内容看，上海“十四五”规划编制的导向、指导思想、原则，以及具体的任务举措，都将从提升人民群众获得感、幸福感、安全感角度出发，充分体现了习近平城市精神重要论述对上海改革发展实践的指导意义。

二、上海贯彻落实习近平关于城市精神重要论述的工作部署

1. 以国际文化大都市建设凝聚城市发展治理的精神动力

改革开放 40 年，是上海文化建设日益受到重视，文化设施加速更新，文化政策法规日趋完善，文化管理水平迅速提升，文化产品不断丰富的 40 年。上海文化发展经历了从重视文化、制定文化发展战略到全面繁荣文化事业和文化产业，努力建设国际性文化交流中心，努力建设国际文化大都市的发展脉络，并逐渐塑造出“海纳百川、追求卓越、开明睿智、大气谦和”的城市精神。文化是城市的灵魂，是城市发展重要的软实力。上海确定“国际文化大都市”建设的定位，体现了上海力求在文化建设方面实现继往开来、开拓创新的理想追求。

习近平总书记曾经指出：“没有高度的文化自信，没有文化的繁荣兴盛，就没有中华民族伟大复兴。”从文化自觉到文化自信，不仅使上海对中国特色社会主义文化有了更深刻的认识，而且进一步坚定了实现中华民族伟大复兴的决心和信心。上海国际文化大都市建设经历多年实践，为上海全球城市建设目标的实现提供了重要的精神文化支撑。上海在第十一次党代会报告中率先在全国提出“人文城市”的建设目标，成为中国未来城市文化发展的引领者。通过广泛征求意见，广开言路，凝聚共识，基于坚定的文化自觉与

文化自信，上海改革开放以来各个阶段的文化战略都代表了社会各界民意诉求的最大公约数。因此，以习近平总书记关于上海城市精神的重要论述为实践指导，上海在国际文化大都市建设的过程中，最大程度地凝聚了城市发展治理的精神动力。

2. 打响“四大品牌”彰显城市品格与魅力

习近平总书记在首届中国国际进口博览会开幕式上作主旨演讲时指出，开放、创新、包容已成为上海最鲜明的品格。上海所取得的发展进步，就是靠主动拥抱开放，以开放倒逼改革；始终致力创新，以创新追求卓越；注重吸纳包容，以包容聚合力量。上海城市品格从萌发到生长，从锤炼到铸就，已渗透进上海市民的气质，融入了上海市民的血脉。上海城市品格与海纳百川、追求卓越、开明睿智、大气谦和的城市精神一起，是解读上海过去发展的无形密码，也是推动上海未来发展的深层力量。

为了进一步彰显上海“开放、创新、包容”的城市品格和“人文之城”的魅力，上海市委市政府积极采取有力措施，全力推进打响“上海服务”“上海制造”“上海购物”“上海文化”四大品牌（以下简称“四大品牌”）的实施行动，更好地落实和服务国家战略、加快建设现代化经济体系，推动上海城市高质量发展，为上海市民创造高品质生活。其中，要着力打响“上海文化”品牌，大力发展社会主义先进文化，积极培育和践行社会主义核心价值观，全面打响上海红色文化品牌、海派文化品牌、江南文化品牌，推动上海城市文化软实力显著增强，城市文化特质更加彰显，文创产业更加发达，文化事业更加繁荣，文化交流更加频繁，文化人才更加集聚。

2020 年是“上海服务”“上海制造”“上海购物”“上海文化”4 个专项三年行动计划的收官之年。自 2018 年 4 月以来，为深入贯彻上海市委市政府全力打响“四大品牌”的重大部署，市委宣传部会同各责任单位，扎实推进文化品牌三年行动计划落地落实，形成 3 大品牌任务、12 项专项行动、46 项抓手、150 例重点项目、65 家责任单位的文化品牌建设任务体系。截至 2020 年 11 月底，中国共产党第一次全国代表大会纪念馆正在加快建设，中国共产党发起组成立地旧址等一批革命遗址完成修缮，龙华革命烈士纪念地保护利用展示及功能拓展项目顺利完成。此外，虹口区“四川北路红色文化生态示范区”、杨浦区“杨树浦滨江百年工业锈带”、宝山区“国际邮轮滨江文化带”等区域文化品牌不断擦亮。下一步，将以充分用好用活红色文化、海派文化、江南文化资源为主攻方向，以制订实施新一轮打响“上海文化”品牌三年行动计划为重要抓手，持续发掘、重振、擦亮、创造一批标识度鲜明的“上海文化”品牌。聚焦庆祝中国共产党成立 100 周年等重大节点，建成中国共产党第一次全国代表大会纪念馆，完成中共中央军委机关旧址、中共中央秘书处机关旧址等纪念馆筹建，并完成红色资源保护利用立法，建设上海红色文化资源数据平台。

3.“两城论”激发广大人民群众主体创新精神

2020 年 6 月 23 日，中国共产党上海市第十一届委员会第九次全体会议审议通过《中共上海市委关于深入贯彻落实“人民城市人民建，人民城市为人民”重要理念，谱写新时代人民城市新篇章的意见》（以下简称“《意见》”），对落实“两城论”进行了部署，提出了未来上海发展的五大目标：人人都有人生出彩机会、人人都能有序参与城市治理、人人都能享有品质生活、人人都能切实感受城市温度、人人都能拥有归属认同。

“人民城市人民建，人民城市为人民”重要理念，深刻回答了城市建设发展依靠谁、为了谁的根本问题，深刻回答了建设什么样的城市、怎样建设城市的重大命题，为上海市深入推进人民城市建设提供了根本遵循。《意见》指出，要更加自觉地把“人民城市人民建，人民城市为人民”重要理念贯彻落实到上海城市发展全过程和城市工作各方面，把为人民谋幸福、让生活更美好作为鲜明主题，切实将人民城市建设的工作要求转化为紧紧依靠人民、不断造福人民、牢牢植根人民的务实行动。要坚持和加强党对城市工作的全面领导，始终与人民群众同呼吸、共命运、心连心，努力学懂弄通城市建设和治理这门科学，努力掌握城市发展规律，不断提高领导人民城市建设的能力本领，不断完善领导人民城市建设的工作格局。

《意见》强调，要把握人民城市的人本价值，更好满足人民群众对美好生活的向往。以更优的供给满足人民需求，用最好的资源服务人民，提供更多的机遇成就每个人。打造充满活力的机遇之城，创造更多就业机会、创业平台、事业舞台，努力为工作生活在这座城市中的人们提供用武之地、打开成功之门。《意见》还强调，要把握人民城市的精神品格，着力提升城市软实力。大力弘扬“海纳百川、追求卓越、开明睿智、大气谦和”的城市精神和“开放、创新、包容”的城市品格，凝聚起建设人民城市的强大精神和品格力量，回答好我们应该有什么样的追求、胸襟、底气的时代命题。要追求卓越、争当一流、勇立潮头，坚持全球视野、对标意识、更高站位、更大突破，以不懈攀登、不断超越的志气心气，敢闯敢试、敢于创造，努力拿出引领性的思想理念、关键性的创新突破、标志性的重大改革、带动性的战略举措。要开明睿智、大气谦和，更好展现海纳百川、开放包容的气度，更好汇聚人气、集聚人才、凝聚人心，使五湖四海的人们向往这座城市、汇聚到这座城市，在成就梦想的同时共建美好城市。

4. 以城市一流治理绣出城市品质品牌

2018 年 11 月，习近平总书记考察上海时指出：“城市治理是国家治理体系和治理能力现代化的重要内容。一流城市要有一流治理，要注重在科学化、精细化、智能化上下功夫。既要善于运用现代科技手段实现智能化，又要通过绣花般的细心、耐心、巧心提高精细化水平，绣出城市的品质品牌。上海要继续探索，走出一条中国特色超大城市管理新路子，不断提高城市管理水平。”[①]两年多来，上海市政府深入贯彻习总书记指示精神，以城市一流治理“绣

① 习近平 2018 年 11 月 6 日在上海考察时的讲话。

出”城市品质品牌。上海市通过在科学化、精细化、智能化上下更大功夫，持续推进城市管理精细化工作向纵深发展，不断满足人民对美好生活的期待。2020 年 9 月，南京路步行街东拓延伸段正式开街。截至 2020 年 10 月底，完成二级旧里以下房屋改造 266 万平方米、受益居民达 13.2 万户，提前超额完成“十三五”目标；2020 年 12 月，苏州河 42 公里滨水空间基本实现全线贯通等。

2019 年 11 月，习近平总书记在上海考察时强调，要深入学习贯彻党的十九届四中全会精神，提高城市治理现代化水平。要抓一些“牛鼻子”工作，抓好“政务服务一网通办”“城市运行一网统管”，坚持从群众需求和城市治理突出问题出发，把分散式信息系统整合起来，做到实战中管用、基层干部爱用、群众感到受用。作为“一网统管”主体推进部门和城市大脑的重要组成部分，上海城市运行管理和应急处理系统对应 86 个一级指标，整合接入了包括公共安全、绿化市容、住建、交通、应急、民防、气象、卫生健康等领域的 22 家单位共 33 个专题应用。2020 年 4 月 13 日，上海召开了一场“千人大会”——“一网通办”“一网统管”工作推进大会。市委书记李强强调，上海城市运行“一网统管”已经从探索设想进入全面建设阶段。要坚持“一屏观天下、一网管全城”的目标定位。尽管受疫情冲击，但上海针对“两张网”的工作一直没有放松。2020 年底，“一网统管”城运系统正从 1.0 版向 2.0 版聚力攻坚提升。防台防汛监测、停电报修、红绿灯信号控制、社区防疫动态观察等，均利用线上数据流助力线下管理创新，让城市更智能，群众更受用。

5. 延续历史文化风貌基础上开展城市有机更新

习近平总书记一贯重视城市历史文化遗产保护和文脉传承，在不同场合多次指出：“历史文化是城市的灵魂，要像爱惜自己的生命一样保护好城市历史文化遗产。要本着对历史负责、对人民负责的精神，传承历史文脉，处理好城市改造开发和历史文化遗产保护利用的关系，切实做到在保护中发展、在发展中保护。”“要注意保护好历史文化和城市风貌，避免‘千城一面、万楼一貌’。”《上海市城市总体规划（2017—2035）》确立了建设卓越全球城市的未来发展目标和实施创新之城、人文之城、生态之城建设三项主要任务。其中，在建设人文之城中首次提出“建筑是可以阅读的，街区是可以漫步的，公园是可以休憩的，城市是有温度的”。上海市具有海派地域文化特色的全球城市规划建设，应当以城市遗产保护利用、历史资源有效管理为路径，全面改善和提升历史城区的宜居性，保持、保护上海在不同发展时期所形成的文化多样性和城市包容性。“十三五”以来，上海市委市政府更加重视对优秀历史建筑的保护，力度不断加大，有力推进了旧区改造中对城市风貌的保护。2017 年 2 月，时任市委书记韩正前往黄浦区老城厢和静安区，实地调研上海市历史建筑风貌区保护工作时指出：“上海必须下更大决心、花更大力气保留保护更多历史建筑，保留保护更多成片的历史建筑风貌区。要以城市更新的全新理念推进旧区改造工作，进一步处理好留、改、拆之间的关系，处理好历史建筑保留保护与改善旧区居民居住条件的关系。”2018 年 6 月，市委书记李强调研黄浦区老城厢地区旧区改造工作指出："要明确旧区改造的功能定位，坚持保基本、保安全，着眼于改善基本居住条件、保障基本居住功能，坚持'留改拆'并举，深化城市有机更新，推动各项工作真正落到实处。"截至 2019 年 10 月底，上海有各级文物保护单位及登记不可移动文物 3 434 处，其中全国重点文物保护单位 40 处，市级文物保护单位 227 处，区级文物保护单位 423 处，文物保护点 2 744 处。此外，外滩被命名为国家历史文化街区，武康路、陕西北路和多伦路被命名为国家历史文化名街。除各级文物保护单位及登记不可移动文物外，上海还有 1 058 处优秀历史建筑，250 处风貌保护街坊，397 条风貌保护道路与风貌保护街巷，郊区有 10 个中国历史文化名镇。①从 2018 年开始，上海市委市政府大力推动"建筑可阅读"工作，着力提升开放的广度、阅读的深度和服务的力度，渐次经历了三个阶段。"建筑可阅读"1.0 版，通过扫描建筑外墙上的二维码，市民游客可了解建筑的历史人文故事。"建筑可阅读"2.0 版，更多原来不开放的建筑向公众"张开怀抱"，让"有故事"的建筑走入大众生活。2021 年早春，上海市把"建筑可阅读"升级到 3.0 版——体验数字化和服务体系化，在市民满意度、社会参与度、跨界融合度上实现新突破。城市有机更新是一个永恒的主题和持续不断的过程，人民的需求和期待永远是城市更新与公共空间塑造的目标。

① 《上海出台专项意见，探索在城市更新中做好文物保护》，《文汇报》2019 年 11 月 13 日。

三、上海贯彻落实习近平关于城市精神重要论述的实践特色

上海在探索城市建设和城市治理中，开展了诸多实践创新，是中国城市治理特别是城市基层治理的典型样本。近年来，上海在贯彻落实习近平对上海城市精神重要论述的实践行动中，不断更新城市的体制机制，提升城市治理精细化、智能化、科学化水平，城市治理每一步都反映出超大型城市的诸多内在特点，主要包括“坚持人民共建共治共享”“以人民作用为中心”“重心下沉、夯实基础”“科学化、精细化、智能化”“以迈向‘卓越的全球城市’为目标推进新时代城市治理”等鲜明特点。

1. 坚持人民共建共治共享，真正实现“人民城市为人民”

2020 年，肆虐全球的新冠肺炎疫情是对城市治理的一次综合大考和全面检测。2020 年 4 月，上海颁发《关于完善重大疫情防控体制机制健全公共卫生应急管理体系的若干意见》，对标国际最高标准，提出到 2025 年形成统一高效、响应迅速、科学精准、联防联控、多元参与的公共卫生应急管理体系，重大疫情和突发公共卫生事件应对能力达到国际一流水准，使上海成为全球公共卫生最安全城市之一。2020 年 6 月，上海市委十一届九次全会审议通过《关于深入贯彻落实“人民城市人民建，人民城市为人民”重要理念，

谱写新时代人民城市新篇章的意见》，推进“以人民为中心”治理理念，提升城市的人民性，翻开超大城市治理新的一页。上海市委市政府以习近平总书记提出的“人民城市人民建，人民城市为人民”重要理念为指导，牢固树立城市是生命体、有机体意识，时刻保持对超大城市的敬畏之心，把超大城市治理摆在重要位置，补齐短板、拉长长板、守牢底线，持续用力，不断提升城市治理能力和水平，让上海这座城市始终有温度有活力，让生活在上海的人们安心踏实。

2. 以人民为中心，一切依靠人民

以往的治理方式和理念，都是站在政府的角度，以有利于管理为目的，所谓的治理也就是政府对人民的统治和管理，是单向度的。创新城市治理理念，就需要从根本上克服以上治理弊端，跳出政府单独控制的局面，更多融入社会和市民元素，鼓励社会组织和个人参与进去，从政府单方面支配到社会多元互动转变，充分调动人民的积极性、能动性、创造性。在摸索中前进，在总结中完善，在学习中发展。虽然上海城市治理实践仍在不断探索和完善之中，有些落后措施亟须改进，有些不成熟地方亟须完善，有些短板亟须补齐，但这丝毫也不影响“以人民为中心”治理理念在上海城市治理中的切实贯彻和执行，无疑，这一过程中人的价值已经得到了最大体现。城市治理依靠人民，同样，治理成效的评价尺度也掌握在人民手中，以人民群众的价值性尺度为主观标准，植根于人民群众的深厚沃土，蕴含着人心向背，关系着治理的基本走向。有了人民

的支持和拥护，上海特色的城市治理才可以得到更高水平的彰显，上海提高城市治理水平的步伐才可以迈得更加自信和从容，坚定地朝着有温度的城市建设迈进。

3. 重心下沉，夯实基础

社区是社会的基本单元，是城市运行的底盘，对提高城市治理现代化水平起基础性、决定性作用。我们党的执政基础在社区，社会治理的重心在社区，党和政府联系群众、服务群众的“最后一公里”也在社区。作为联系群众最紧密、服务群众最直接、组织群众最有效的基础平台，社区最能感知群众冷暖，最能听到群众声音，也最能检验工作成效。社区细节越彰显，城市治理就越精细；社区细胞越活跃，城市活力就越充沛；社区认同感、归属感越强，城市向心力、凝聚力就越大。2020 年 6 月 17 日，为进一步提升社区治理规范化精细化水平，上海市举行社区工作会议，就《关于进一步提升社区治理规范化精细化水平的若干意见》作了说明，指出要深入贯彻落实习近平总书记考察上海重要讲话精神，进一步夯实城市治理现代化的社区基石，要立足当前、着眼长远，扬优势、补短板，做好社区治理赋权增能的“加法”、减负减压的“减法”、科技赋能的“乘法”、革除弊端的“除法”，完善党建引领下的共建共治共享社区治理格局，提升社区治理规范化精细化水平，全力以赴把人民群众安居乐业的家园建设好，让生活在这座城市的人们更加安心、舒心、暖心。

4. 以科学化、精细化、智能化提升治理水平

2018 年 1 月 31 日，上海发布《贯彻落实〈中共上海市委、上海市人民政府关于加强本市城市管理精细化工作的实施意见〉三年行动计划（2018—2020 年）》，探索中国特色超大城市管理新路子，切实解决突出问题，提升精细化管理水平，提升市民获得感、幸福感、安全感。在旧区改造、创业就业、社区服务、小区治理、城乡养老、交通出行等方面，推出一系列新举措。运用大数据、云计算、区块链、人工智能等前沿技术推动城市管理手段、管理模式、管理理念创新，从数字化到智能化再到智慧化，让城市更聪明一些、更智慧一些，是推动城市治理体系和治理能力现代化的必由之路，前景广阔。面对全球罕有的超大城市管理基数，上海加快推进政务服务“一网通办”和城市运行“一网统管”建设，聚焦“高效办成一件事”“高效处置一件事”，提升超大城市治理体系和治理能力现代化水平。

5. 以迈向“卓越的全球城市”为目标推进新时代城市治理

进入新时代后，上海全面推进以“卓越的全球城市”为目标的城市治理，呈现两个明显的方向：一是进一步凸显城市治理重心，做实做强以街镇为基点的基层治理体系；二是推进城市精细化、智能化，同时强化城市的制度化、规范化、有序性，超大型城市治理的自觉意识明显增强。从超大型城市治理的内在要求看，上海城市治理要在探索实践的基础上，进一步从“管理”向“治理”转型，

从“基层”向“全局”扩展，从“社区”向“社会”拓深，从“行政化”向“社会化”跃进，从“传统型”向“现代性”跨越。

四、深入贯彻落实习近平关于城市精神重要论述的未来展望

1.“十四五”时期，上海改革发展面临新形势

2020 年是“十三五”收官、“十四五”谋划之年，是一段全面建设社会主义现代化国家新征程的始发点，对上海来说，是基本建成国际经济、金融、贸易、航运中心，科技创新中心形成基本框架之年，是一个提升城市能级、强化核心功能的关键节点，也是习近平总书记在黄浦江畔提出“人民城市人民建，人民城市为人民”理念后，提升城市品质、诠释初心使命的新起点。在“十四五”开局之年，上海用特殊的方式探索当下与未来、诠释使命与担当。上海要深入学习领会习近平总书记重要讲话精神，进一步坚定全面建设社会主义现代化国家的信心和决心，努力在危机中育先机、于变局中开新局，加快建设具有世界影响力的社会主义现代化国际大都市，把上海打造成国内大循环的中心节点、国内国际双循环的战略链接，更加积极主动发挥开路先锋、示范引领、突破攻坚作用，奋力创造新时代上海发展新奇迹。

习近平总书记多次指出：“上海在党和国家工作全局中具有十分重要的地位，做好上海工作要有大局意识、全局观念，在服务全

国中发展上海。”在今天，这不只是一般意义上的服务引领，更要“在大国深度博弈中参与国际合作与竞争，助力国家在严峻的外部挑战中突出重围”。“十四五”时期，面对改革发展新形势，上海更要探索通过大刀阔斧的改革和更高层次的开放，来带动整座城市乃至更大区域的功能提升，进而在国内高质量发展、国际合作竞争的关键领域中走出“先手棋”。也正如习近平总书记所期望的，任何时候，上海都应当主动担当“开路先锋、示范引领、突破攻坚”的重任。

2. 以习近平关于城市精神重要论述为指引加快上海创新发展

2021 年，要紧扣习近平总书记考察上海重要讲话和在浦东开发开放 30 周年庆祝大会上重要讲话精神抓工作落地，紧盯“十四五”开局抓责任落实，切实推动中央和市委决策部署落地生根。

习近平总书记考察上海时，要求上海强化全球资源配置、科技创新策源、高端产业引领、开放枢纽门户功能。“四大功能”自此被视作上海的主攻方向。上海市委书记李强特别指出，“四大功能”是在要素资源高度集聚、产业集群充分孕育、市场主体深度互动、发展生态不断优化的基础上，演化形成的独特竞争优势，亦是上海承担特殊使命、服务国家战略的支撑所在。成为“中心节点”与“战略链接”，依托的正是高强的功能。面对正在被重构的世界经济，上海需要尽可能突破外部阻碍，为要素流动打开通路、疏通堵点，进而在新的全球网络中占据有利身位。而在壮大内需市场、做强国内大循环的进程中，上海作为中国最大的经济中心城市，亦天然负有辐射、引领、带动的职责。

习近平总书记多次指出，上海要在增强创新策源能力上下功夫，要“瞄准世界科技前沿，加强科技创新前瞻布局，聚焦关键领域，集合精锐力量，尽早取得重大突破，使创新成为高质量发展的强大动能”。2020 年 8 月，高规格的扎实推进长三角一体化发展座谈会上，习近平总书记亦特别指出，上海和长三角区域“不仅要提供优质产品，更要提供高水平科技供给，支撑全国高质量发展”，要“勇当我国科技和产业创新的开路先锋”。能“策源”，才能“开路”。创新策源能力的高下，决定了上海的能级，也检验着上海的“识变之智、应变之方、求变之勇”。2020 年 10 月，如期召开的浦江创新论坛上，李强书记表示，上海需要用一种“全面创新”来撬动全局的变革与提升，“要以科技创新引领各方面创新，让创新意识成为各行各业的自觉追求”。创新是“第一动力”。上海市市长龚正多次表示，上海将强化创新策源、创新应用和创新协同，着力打造新兴产业发展动力源、高端产业集群和全球开放合作新高地；要大力培育发展新动能，抢抓新机遇，依托创新链提升产业链，率先走出以创新驱动为特征的高质量发展新路。

3. 全面推进数字化转型，重塑城市治理模式

全面推进数字化转型是面向未来塑造城市核心竞争力的关键之举。数字化正以不可逆转的趋势改变人类社会，特别是新冠肺炎疫情进一步加速推动数字时代的全面到来。数字化越来越成为推动经

济社会发展的核心驱动力，深刻变革全球生产组织和贸易结构，重新定义生产力和生产关系，全面重塑城市治理模式和生活方式。随着数据资源在链接服务国内大循环和国内国际双循环中的引领型、功能型、关键型要素地位不断突出，全面推进城市数字化转型成为上海主动服务新发展格局的重要战略。

全面推进数字化转型是超大城市治理体系和治理能力现代化的必然要求。作为超大城市，上海人口多、流量大、功能密，具有复杂巨系统的特征，城市建设、发展、运行、治理各方面情形交织、错综复杂，必须充分运用数字化方式探索超大城市社会治理新路子，回应人民对美好生活的新期待。上海重点推进政务服务“一网通办”、城市运行“一网统管”，加快建设新型智慧城市，大力发展在线新经济，打造一流数字基础设施，为城市数字化转型打下了坚实基础。面对新发展阶段的新机遇新挑战，要认清形势、抢抓机遇、乘势而上，牢牢把握城市数字化转型这项事关全局、事关长远的重大战略，进一步增强坚定性和紧迫感，坚持整体性转变、全方位赋能、革命性重塑，全力做好全面推进城市数字化转型这篇大文章，奋力创造新时代上海发展新奇迹。

以习近平新时代中国特色社会主义思想为指导，深入贯彻习近平总书记考察上海重要讲话和在浦东开发开放 30 周年庆祝大会上重要讲话精神，上海市把数字化转型作为“十四五”经济社会发展主攻方向之一，主动顺应和掌握数字化时代带来的新趋势新机遇，科学遵循城市运行和发展规律，持续深化上海各领域数字化发展的先发优势，从“城市是生命体、有机体”的全局出发，统筹推进城市经济、生活、治理全面数字化转型。上海市委市政府 2020 年底公布《关于全面推进上海城市数字化转型的意见》，要求深刻认识上海进入新发展阶段全面推进城市数字化转型的重大意义，明确城市数字化转型的总体要求。《意见》指出，要坚持整体性转变，推动“经济、生活、治理”全面数字化转型；坚持全方位赋能，构建数据驱动的数字城市基本框架；坚持革命性重塑，引导全社会共建共治共享数字城市；同时，创新工作推进机制，科学有序全面推进城市数字化转型。

《意见》强调，上海将率先探索新经验，用数字化方式创造性解决超大城市治理和发展难题；率先应用新技术，用数字化场景牵引技术创新和广阔市场空间；率先转换新动能，用数据要素配置链接全球资源、大力激发社会创造力和市场潜力，全面提升城市治理能力和治理水平现代化，创造人民城市数字化美好生活体验，打造城市高质量发展的强劲引擎，为加快建设具有世界影响力的社会主义现代化国际大都市奠定扎实基础。

4. 积极探索新时代人民城市建设发展新路径

上海以建设“人民城市”重要理念引领中国特色城市发展道路。大城善治，对于正奋力创造新奇迹、展现新气象的上海而言，意味着要始终坚持“人民至上”，有机平衡眼前利益和长远利益，把握近期目标与长期目标，厘清“变与不变”的关系，既讲求顶层多维度的创新思维，也聚焦末端细微处的生动感知，在人民城市建设丰富实践中充分实现“把最好的资源留给人民”。上海将技术之治、依法之治、艺术之治深度嵌入城市生活方方面面，以更高效治理赋能高质量发展高品质生活，“大城善治”就此有了更丰富的时代内涵，人民城市治理水平和能级得以提升，人民城市建设开创出崭新局面。

新时代人民城市建设工作艰巨繁重，各种矛盾交织，环境十分复杂。城市治理沿着“人民城市”的正确道路前进，需要遵循“人民城市”的建设规律。“社会主义”是人民城市的根本属性，“人本价值”是人民城市发展的核心取向，也是检验城市各项工作成效的根本标准。创造人民向往的美好生活，最大效能的标准具体表现在三个方面。首先是在最大比例原则中体现“人民性”。“人民”既是活生生千姿百态的个人，又是无数个人所组成的集合与整体，而所有的城市政策都会影响到每一个具体的个人和群体。要解决个体与集体、多数与少数、局部与整体之间的矛盾，应当遵循最大比例原则。城市公共产品应当服务于最大比例的群众。其次是在最广覆盖面原则中体现“人民性”。城市包罗万象，人民群众对美好生活的追求各式各样。为体现城市“人民性”的本质特征，可遵循最广覆盖面的原则。城市中的“国计民生”大事、城市公共安全、城市生态等领域的公共政策，具有广覆盖的特征。应当将更多、更优资源投放到那些能够在更大范围内服务群众的领域和项目之中。第三是在最大公约数原则中体现“人民性”。在差异化的服务需求之间，城市公共政策应当求同存异，以最大公约数的原则，在具有普遍共性问题上寻找政策着力点。在大众化和个性化之间，在基础性和进阶性之间，在长期性和暂时性之间，在战略性和战术性之间，应当向前者倾斜，以保证城市治理始终聚焦服务于人民群众的最共性问题、最基本诉求和最根本利益。

人民城市的“人民性”，要求最大程度地满足群众的利益需求。人民城市的美好生活和人民的幸福感，最终源泉是人的全面发展。城市健康发展和人的全面发展之间，需要建立起相互支撑的有机联系，这是建设“人民城市”和构建城市家园的关键所在。努力把城市建设成为“人与人、人与自然和谐共处的美丽家园”，要把握人民城市的主体力量，打造共建共治共享的社会治理共同体。

让人民群众成为城市的建设者和主人翁。人民群众的幸福感，取决于每个人的心理体验。“幸福都是干出来的”，从心理学上来讲，确保幸福感需要积极的人生态度和实践行动，在实践奋斗中最能获得满足感和幸福感。政府不仅要提供优质服务，还需积极引导支持人民群众积极参与城市建设，成为人民城市的主人翁。为了服务于人的全面发展，人民城市不只是单方面提供服务，而应当采取积极倡导和培育积极的行动者和城市的主人翁，充分发挥人民群众的能动性、积极性和首创性。成为人民城市的建设者和主人翁，是美好幸福生活的源泉，也是人走向全面发展的必由之路。

“人民城市人民建，人民城市为人民”的重要理念标示着新的城市发展方向、新的城市理论和新的城市政策内涵。把上海建成具有世界影响力的社会主义现代化大都市，要对坚定走中国特色城市发展道路充满自信，以不一般的精神、不一般的品格，展现不一般的担当、实现不一般的作为，让中国特色社会主义在上海展现更加蓬勃的生机和活力。

后　记

本书是2020年上海市习近平新时代中国特色社会主义思想研究中心和上海市哲学社会科学规划办公室共同组织开展的“学习习近平总书记关于上海工作重要论述”系列课题之一。课题获准立项后，作为课题负责人，我拟定了课题研究提纲和框架，并与课题组成员陈凌云、江晨、贾东窈一起着手收集资料、开展调研和组织研讨。历经半年紧张工作，课题组完成了研究任务，撰写形成了研究成果。

习近平关于上海城市精神的重要论述具有极其丰富的思想内涵，是习近平新时代中国特色社会主义思想的重要组成部分。从上海贯彻落实习近平关于城市精神重要论述的视角，梳理和总结上海城市精神倡导、培育、践行的实践过程，不仅对迈入新征程、奋进新时代的新形势下全面深入学习、研究、贯彻习近平新时代中国特色社会主义思想有重要的现实意义；同时也为上海广大干部群众在习近平新时代中国特色社会主义思想指引下更加奋发有为，全面彰显“海纳百川、追求卓越、开明睿智、大气谦和”的上海城市精神有积极的实践价值。

在中国共产党建党百年之际，课题组有幸以这本小书向党的百年诞辰表达喜庆和崇敬之意。上海市哲学社会科学规划办公室和上海市习近平新时代中国特色社会主义思想研究中心在课题立项过程中给了我充分的信任；市委党校王公龙教授、市委党校叶柏荣老师、上海人民出版社罗俊编辑，以及在课题立项和结项评审及成果出版中各位专家学者为我们提供了积极指导和帮助，本书付梓之际向上述机构和人员致以诚挚感谢。

本书是对习近平关于城市精神重要论述丰富思想内涵的解读，同时也是对上海贯彻落实习近平关于城市精神重要论述的实践总结。这项研究力求与城市精神的倡导、培育和践行实践同步，必定在思想解读和实践总结两方面都存在这样或那样的不足和遗漏，因而是一项不尽完善、有待进一步深入的研究，也期待学界同行批评指正。

荣跃明

2021 年 6 月 24 日于沪上

图书在版编目(CIP)数据

城市精神引领上海创新实践/荣跃明等著. —上海：
上海人民出版社，2021
(新思想　新实践　新作为研究丛书)
ISBN 978－7－208－17151－0

Ⅰ. ①城…　Ⅱ. ①荣…　Ⅲ. ①城市建设-研究-上海
Ⅳ. ①F299.275.1

中国版本图书馆 CIP 数据核字(2021)第 105864 号

责任编辑　罗　俊
封面设计　今亮后声

新思想　新实践　新作为研究丛书
城市精神引领上海创新实践
荣跃明　陈凌云　江　晨　贾东窈　著

出　　版　上海人民出版社
(200001　上海福建中路 193 号)
发　　行　上海人民出版社发行中心
印　　刷　常熟市新骅印刷有限公司
开　　本　720×1000　1/16
印　　张　12.5
插　　页　3
字　　数　114,000
版　　次　2021 年 7 月第 1 版
印　　次　2021 年 7 月第 1 次印刷
ISBN 978－7－208－17151－0/D・3778
定　　价　50.00 元